독서가 **미래를 결정**한다

청소년을 위한 실전 독서 가이드

독서가 미래를 결정한다

초판 1쇄 발행 | 2015년 3월 3일
초판 2쇄 발행 | 2015년 4월 13일
지은이 | 송광택
펴낸이 | 황성연
펴낸곳 | 글샘출판사
마케팅 | 이동식 · 채중택
관리부 | 이은성 · 이숙희
북디자인 | 김민주
교정 · 교열 | 김지홍
주소 | 서울시 중랑구 상봉동 136-1 성신빌딩 지하 1층
등록번호 | 제8-0856호
ISBN 978-89-91358-43-0 (03230)

총판 | 하늘물류센터 **전화** | 031)947-7777 **팩스** | 031)947-9753

글샘은 가정사역을 위한 하늘기획의 또 다른 이름입니다

독서가
미래를 결정한다

10년 후 나는 어떻게 달라져 있을까? 하지만 독서 없이는 성장도 없다.
미래를 계획하는 이 땅의 모든 청소년들을 위한 송광택 목사의 독서 길라잡이!

송광택 지음

글샘

"독서는 인간 정신이 수행해야 할 가장 소중한 노력이며
어려서부터 기울여야 하는 노력이다."

– 대문호 존 스타인백

"책은 이 세계의 귀중한 재산이며
모든 세대와 모든 민족들의 고귀한 유산이다."

– 헨리 데이빗 소로우

이 시대 독서론의 정수(精髓)

독서운동가 송광택 목사님의 저서 『독서가 미래를 결정한다』는 '책을 왜 읽어야 하는가?'란 물음에 명쾌한 답을 주는 독서 가이드북이다. 그러나 이 책의 토대를 형성하는 독서철학으로 인해 내용이 단순하지 않고 '읽기'의 깊이를 갖춘 것이 첫 번째 장점이다. 무엇보다도 저자의 '독서문화운동'이라는 실제적 경험에서 우러나오는 이야기여서 설득력이 클 수밖에 없다. 인생의 꿈을 이룰 때까지 '나'의 발전과 성숙에 필요한 자원들을 공급하는 정신적 원천이 '독서'라는 것을 저자는 '독서 멘토'의 입장에서 조언하고 있다. "독서는 창의력과 상상력의 원천"이라는 저자의 말은 스마트폰을 비롯한 각종 디지털 매체의 지배로 인해 점점 더 '생각의 힘'이 약해져가는 현대인들에게 가장 필요한 가르침이다.

이 책의 두 번째 장점은 능력의 성장, 인격의 성숙, 꿈의 실현으로 이어지는 인생의 발전과정에 꼭 필요한 '독서 콘텐츠'를 구체적으로 제시하고 있다는 점이다. 고전, 문학, 역사학, 심리학, 미래학 등 다양한 학문 분야의 명저들과 실용 서적에 이르기까지 '발전'의 지름길로 삼을 수 있는 양서들을 폭넓게 읽는 비결을 저자는 조언하고 있다. 여기에 그치지 않고 시간과 공간과 환경에 따라 알맞게 선택할 수 있는 '독서 방법'까지도 적극적으로 추천하는 내용에 이르러서는 저자의 자상한 배려를 느끼게 된다.

이 책의 세 번째 장점은 '독서광'들의 체험적 독서를 '독서 방법'의 지침으로 권유하는 내용에 이르러 빛을 발한다. 그들의 인생을 움직인 '독서 철학'의 진미를 맛보게 해주고 정신적 영양소들이 독자의 내면 속으로 흘러들어가도록 길을 열어준다. 특히 요한 볼프강 폰 괴테, 윌리엄 워즈워스, 막심 고리키 등 세계적 대문호와 사상가들의 견해를 풍부하게 인용하여 논리적 근거를 든든히 세운 것은 이 책의 네 번째 장점이자 든든한 자원이다. 세계 문화의 발전에 기여한 인물들의 조언을 전해줌으로써 독서의 동기를 부여하고 인문학에 대한 지적 호기심을 불러일으킨다는 점에서 『독서가 미래를 결정한다』는 독자의 '지성 능력'을 성장시켜 줄 것이다. 이 책은 독서 철학, 독서 콘텐츠, 독서 방법론이 삼위일체를 이룬 독서론의 정수(精髓)다. 기쁜 마음으로 추천한다.

— **송용구**(문학평론가, 고려대학교 독일어권문화연구소 교수)

지도자를 위한 '왕도'

세상엔 지도자가 되고자 '왕도'를 찾는 사람이 수없이 많다. 그러나 누구도 그 '왕도'를 쉽게 제시할 수 없는데, 이번에 그 길을 친절하게 비춰주는 책이 한 권 나왔다. 그것이 『독서가 미래를 결정한다』라는 책이다. 이 책은 독서 지도와 독서 지도자 양성에 경험이 풍부한 송광택 교수님께서 미래 우리 사회의 지도층이 될 소중한 자산인 청소년들을 위하여 계획해서 출판한 귀보와 같은 양서다. 제1부 "영어, 수학? 하지만 창조적 인재는 책이 기른다", 제2부 "알짜만 콕콕 찍어주는 독서 가이드, 이런 책을 읽자!", 제3부 "무엇을 어떻게 읽을까? 책 읽기 노하우 대 방출!", 제4부 "행복한 책벌레를 위한 10가지 팁", 제5부 "독서로 성공한 사람들"로 구성된 이 책은, '독서 없이 성공할 수 없고 독서 없이 명인이 될 수 없다'는 진리를 제시해 준다. 독서 없는 지도자는 세상을 잘 경륜할 수 없기에 필히 일독을 권하며 추천한다.

— **조신권**(연세대 명예교수, 전 총신대 초빙교수)

우리 모두를 위한 책

세계적으로 많은 영향을 끼쳐왔던 사람들의 공통점은 독서다. 독서는 세계를 움직이는 동력이었고, 지금도 사회와 문화뿐 아니라 정치, 경제를 이끌어가는 DNA다.

독서의 이러한 수많은 장점에도 불구하고 많은 사람들이 가지 않은 길에 대한 두려움이 있다. 이 책은 그 두려움을 위로해주는 동반자와도 같다. 함께 동행하다보면 어느새 친구가 되고 지나온 길들이 당신의 미래를 비춰주는 단서가 될 것이다.

저자는 오랜 기간 '독서 지도' 최고의 전문가로서 독서를 지도하며 체계적으로 가르쳐왔다. 이 책은 저자의 그동안의 오랜 경험이 축적된 보고이다. 글과 글, 문장과 문장이 깊어지고 또 깊어져 명장의 부드러운 면목을 느낄 수 있다.

이 책은 우리 모두를 위한 책이다. 힘들고 어려운 때일수록 돌아가란 말이 있다. 지금이 그 힘을 축적할 때이다. 추수를 기다리는 농부의 마음으로 씨를 뿌리며 하루하루 최선을 다하는 지혜가 필요하다. 이 책은 하루하루 최선을 다하는 당신의 소중한 동반자가 될 것이다. 이 책은 당신의 미래와 함께 할 친구이다.

— **가진수**(목사, 워십리더코리아 대표)

청소년 위한 친절한 독서 지침서

한창 입시에 몰입해 있던 고등학교 시절 난 책에 고파있었다. 참고서를 사기에도 어려운 형편이었던 나에게 형님이 가지고 있던 이어령의 5권짜리 수필집은 엄청난 지적 도전이었다. 그 일로 나는 대학에 입학하고서는 매달 책을 사서 버스와 지하철에서도 열심히 읽었고 개가식으로 운영되는 학교 도서관에서 신천지를 개척해 나갔다. 그때 난 학교 도서관의 모든 책의 제목을 읽고 책에 부착된 열람카드에 내 이름을 적는 큰 기쁨을 마음껏 누렸다. 그리고 결혼 후에 태어난 딸과 아들에게 많은 책을 읽게 했다. 풍족한 살림은 아니었어도 책만큼은 남부럽지 않게 사주었다. 덕분에 딸아이는 생일이나 특별한 일이 있어서 선물을 받을 수 있는 기회마다 책을 사달라고 해서 나를 흐뭇하게 만들었다.

그런데 책을 읽는 구체적인 공부를 따로 한 적은 없었고 아이들에게도 가르쳐 주질 못했다. 그러기에 책을 좋아하고 책을 많이 읽을 청소년들에게 본서는 참으로 소중한 지침서가 될 것이다. 한 권의 책은 그

저자의 모든 것을 담아낸다. 그러기에 쉽게 아무렇게나 읽는 것은 엄청난 손해이다. 어떻게 하면 더 잘 읽을 수 있을까 고민하고 그 답을 아는 독서가 정말 중요하다. 나도 훗날 독서 지도를 하면서 이러한 독서 기술이 얼마나 소중한지를 알게 되었는데 저자는 독서에 대한 동기부여를 탁월하게 할 뿐만 아니라 어떤 책을 어떻게 읽어야 하는지를 친절하게 안내하고 있다. 본서를 청소년들에게 적극 추천한다.

— **손종국**(철학박사, 청소년교육선교회 대표)

목차

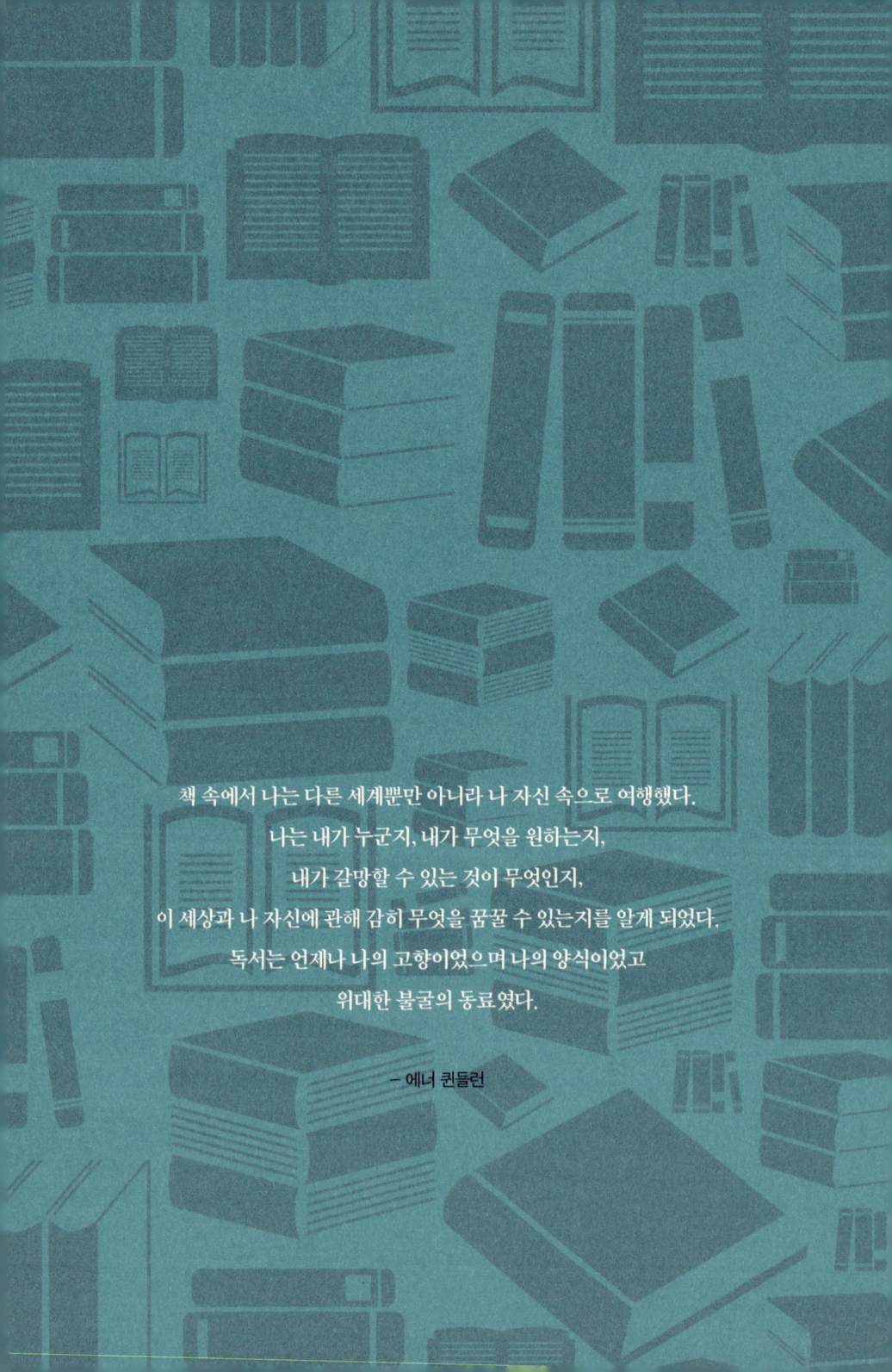

책 속에서 나는 다른 세계뿐만 아니라 나 자신 속으로 여행했다.
나는 내가 누군지, 내가 무엇을 원하는지,
내가 갈망할 수 있는 것이 무엇인지,
이 세상과 나 자신에 관해 감히 무엇을 꿈꿀 수 있는지를 알게 되었다.
독서는 언제나 나의 고향이었으며 나의 양식이었고
위대한 불굴의 동료였다.

― 에너 퀸들런

책벌레가 미래의 진정한 주인공이다

"소매가 길어야 춤을 잘 추고, 돈이 많아야 장사를 잘하듯, 머릿속에 책이 5000권 이상 들어 있어야 세상을 제대로 뚫어보고 지혜롭게 판단할 수 있다."

조선의 실학자 다산 정약용의 말이다.

우리는 왜 책을 읽어야 하는가? 역사에 이름을 남긴 훌륭한 사람들은 대부분 책을 통해 꿈을 발견하고 비전을 갖게 되었다. 그들은 어린 시절에 또는 청소년기에 책의 세계를 접했고, 평생 책을 벗 삼아 살아간 사람들이었다. 그들이 읽은 책은 그들에게 꿈이 되고 사명이 되고 불가능을 가능케 한 도전이 되었다. 그들은 책의 사람들이었다.

불후의 명저 『월든』의 저자 헨리 데이빗 소로우는 이렇게 말했다.

"책은 이 세계의 귀중한 재산이며 모든 세대와 모든 민족들의 고귀한 유산이다. 얼마나 많은 사람들이 한 권의 책을 읽고 자기 인생의 새로운 기원을 마련했던가!"

그는 독서를 잘하는 것, 즉 참다운 책을 참다운 정신으로 읽는 것이 고귀한 '운동'이라고 말했다.

『독서가 어떻게 나의 인생을 바꾸었나?』의 저자 에너 퀸들런은, 많은 사람들이 책을 너무나 좋아하기 때문에 책의 죽음은 불가능하다고 했다. 그렇다. 독서는 여전히 힘이 세다!

이 책은 청소년과 젊은이들에게 독서에 대한 동기를 부여하기 위해 기획되었다. 여러분은 이 책에서 왜 책을 읽어야 하는지, 어떤 책을 읽어야 하는지, 그리고 어떻게 읽어야 하는지를 배울 수 있을 것이다. 또한 탁월한 책벌레들이 우리에게 전해주는 독서법의 지혜도 발견할 수 있을 것이다.

한 권의 책이 세상에 나오기까지는 많은 이들이 수고하고 땀을 흘린다. 이 책이 더 나은 책이 되도록 여러 모양으로 도움을 준 책벌레 친구들에게 고마운 마음을 전한다.

총신대학교 평생교육원 독서지도사 과정 수료생들, 바울의교회 글향기도서관 이광미 팀장과 봉사자들, 그리고 어려운 상황 속에서도 기독 출판의 길을 걷고 있는 출판인과 편집부 및 영업부 여러분에게 격려의 박수를 보내고 싶다.

특히 이 책을 기획하신 글샘출판사 황성연 대표의 자상한 조언과 김지홍 편집부장의 노고에 깊이 감사드린다. 끝으로 찬란한 20대를 보내는 딸 효진이와 아들 재윤이, 평생의 소울메이트(soulmate)인 아내 명란에게 사랑을 전한다.

이 땅의 청소년들이 책의 세계에로 더 가까이 나가기를 기대하면서 부족한 글을 세상에 내어 보낸다.

바울의교회 글향기도서관에서

송광택

1부

영어, 수학?
하지만 창조적 인재는
책이 기른다

01

미래형 지도자는
열혈 독서광

다른 사람보다 한 발 앞서면 지도자가 되고, 두 발 앞서면 개척자가 된다는 말이 있다. 역사는 창조적인 소수에 의해 변화되어 왔다. 그런데 역사를 변화시킨 창조적인 소수는 대부분 책의 사람들이었다.

전기작가 스테판 츠바이크는 "인류의 활동은 두 가지 발명에 의해 비약적인 발전을 했다"고 말했다. 공간에서의 활동은 차륜(바퀴)을 따라서 움직이고 정신의 활동은 문자에 의존했다는 것이다. 문자는 책이라는 힘 있는 매체를 만들어내었고, 책은 지식과 정보를 축적하고 다음 세대에 전달하는 방편이 되었다. 책의 대중화는 지식의 대량유통을 통해 혁명적인 변화를 가져왔다. 한마디로 책과 독서는 역사 속에서 검증된 변화의 힘이다.

『영적 지도자 만들기』의 저자 로버트 클린턴은 많은 지도자의 생애를 연구하다가, 그들의 생애에 책이 끼친 영향을 발견하였다. 뿐만 아니라 그 자신의 생애에서 책이 간접경험의 통로였음을 고백하였다.

"어린 시절, 어머니는 성경 동화책을 매일 내가 잠들기 전에 읽어 주셨다. 또 어머니가 공립 도서관에 데리고 가서 첫 번째 대출 카드를 만들어준 것도 생생하게 기억하고 있다. 나는 독서하는 습관을 일찍 갖게 되었지만 오랜 세월이 흐른 뒤에야 책을 통해서 하나님께서 나에게 말씀하신다는 사실을 배우게 되었다. 하나님께서는 이 간접 경험 과정을 통해서 나의 생애에 많은 것을 주셨다."

모든 지도자는 독서가다. 독서를 한다고 모두 다 지도자가 되는 것은 아니지만 영향력 있는 지도자, 뛰어난 지도자가 되기 위해서 책을 통해 지혜와 통찰을 얻어야 한다. 우리가 미래의 지도자가 되고자 한다면 앞선 위인들의 본보기를 통해서 배워야 한다.

독서학습은 지도자가 되는 길이다

미국의 16대 대통령 에이브러험 링컨(1809~1865)도 책이 이끌어준 삶을 살았다. 그는 청소년기에 좋은 책들을 만났다. 새 어머니인 사라 부시 링컨은 『벤자민 프랭클린의 전기』와 『미국의 역사』를 구입하여 읽도록 하였고, 또한 그 지역에서 출판된 책은 대부분 읽도록 구해 주었다. 그는 말하기를, 『워싱턴의 전기』에서 애국심을 배우고, 『이솝 우화』에서 재미있게 말하는 법을 배웠으며, 『천로역정』과 『성경』에서 사람이 어떻게 살아야하는지를 배웠다고 했다.

『워싱턴의 생애』에 관련된 이야기는 유명하다. 이웃 아저씨로부터 이 책을 빌려 읽은 후 링컨은 마음속으로 '나도 어른이 되면 꼭 워싱턴 대통령 같은 훌륭한 사람이 되어야지'라고 다짐하였다. 그러나 폭풍이 불던 어느 날 그 책은 빗물에 젖어버렸다.

링컨은 책을 빌려준 주인을 찾아가 정직하게 사정을 말하고 용서를 빌었다. 책에 대한 대가를 지불하는 대신 사흘 동안 밭일을 거들어주겠다고 제안했다. 링컨의 행동에 감동한 주인은 훗날 훌륭한 사람이 되라고 칭찬하며 책을 선물로 주었다고 한다.

링컨에게는 다른 어떤 것보다 책을 읽는 것이 가장 큰 즐거움이었다. "내가 알고 싶은 것은 모두 책 속에 있다. 내가 읽지 않은 책을 찾아주는 사람이 바로 나의 가장 좋은 친구이다." 이처럼 링컨은 책 읽기 욕구가 강했으나 책이 많지 않던 시절이라 마음대로 읽을 수는 없었다. 읽은 책도 대부분 이웃에서 빌려다 읽었다. 링컨은 손에 들어온 책을 언제나 되풀이하여 낭독하며 읽었다.

독일 전기작가 에밀 루드비히(Emil Ludwig)는 『링컨의 일생』에서 링컨의 독서 습관에 관해 이렇게 말했다.

"링컨은 광범위한 지식을 추구하지는 않았다 해도 항상 열심히 공부하는 편이었다. 그는 인간의 본성, 특히 자기 자신의 본성을 이해하고 싶어 했다. 그래서 손에 닿는 책은 모조리 읽었다."

링컨은 친구와 함께 작은 상점을 운영할 때 한 여행객으로부터 통하나를 샀다. 그는 그 통 속에서 발견한 법률서적을 거듭 읽었다. 이 법률서적과의 만남이 계기가 되어 그는 변호사를 꿈꾸게 되었고, 정치인의 길을 걷게 되었다. 후에 그는 백악관을 기도실로 만든 미국의 대통령이 되었다.

미래학자 다니엘 번즈(Daniel Burns)는 이렇게 말했다.

"미래는 끊임없이 재교육을 받을 수 있는 사람들의 것이다. 사람들은 지속적으로 향상될 수 있지만 그것은 투자를 필요로 한다."

빠른 학습과 명료한 사고는 21세기에 개인이 가져야 할 핵심적인 능력이다. 따라서 독서력의 중요성은 이전보다 더 중요하게 부각되고 있다. 독서는 스스로 배우는 왕도이기 때문이다. 이제는 가장 중요한 교육의 목표가 '학습하는 법'을 학습하는 것이다. 독서가 바로 그 길을 안내한다. 그 길은 성장의 길이요 변화의 길이다.

21세기 사회는 창의력이 뛰어난 인재를 원한다. 세상은 아날로그 시대에서 디지털 시대로 변하였다. 그러나 여전히 책은 중요하고, 독서는 성공에 이르는 왕도이다. 좋은 책은 우리의 생각과 행동을 변화시킨다.

독서는 지식과 지혜의 성으로 들어갈 수 있는 열쇠다. 성공한 사람들은 훌륭한 독서가들이었다. 여러분도 그들의 발자취를 따라가다 보면 머지않아 선한 영향을 끼치는 지도자로 우뚝 서게 될 것이다.

실력을 쌓기 위해서는 독서가 최고

독서지도 전문가 남미영 박사는 "지식정보화 사회 속에서 실패하지 않고 성공한 삶을 살아가려면 책과 친한 인간, 책을 능숙하게 읽을 수 있는 인간이 되어야 한다"고 말했다.

좋은 책 속에는 지식과 지혜가 들어 있다. 따라서 우리들은 책을 읽음으로서 그 지식과 지혜를 자기 것으로 만들 수 있다. 바꾸어 말하면 책 읽기는 진정한 실력을 키우는 길이다. 많은 위인들은 어린 시절 책을 만났고, 책이 그들의 삶을 이끌었다고 고백한다.

또한 우리는 훌륭한 사람이 되기 위해 책을 읽는다. '훌륭하다'의 사전적 의미는 "썩 좋아서 나무랄 곳이 없다"이다. 훌륭한 사람이 된다는 것은 아름다운 마음, 따뜻한 품성, 그리고 사람다운 품격을 갖춘 인격체로 성장함을 의미한다. 우리가 먹는 음식이 우리의 체질에 영향을 주듯이, 우리가 읽는 책은 우리에게 영향을 미친다. 참되고 선하고 아름다운 것이 마음을 채울 때 그 사람은 참되고 선하고 아름다운 성품을 갖춘 사람으로 성장하게 된다. 우리는 독서를 통해 감사와 배려와 사랑 그리고 용기와 같은 품성을 배울 수 있다.

"하버드대 졸업장보다 독서하는 습관이 더 중요하다." 탁월한 독서가로 알려진 빌 게이츠가 한 말이다. 모든 지도자는 독서가다. 독서를 한다고 모두 다 지도자가 되는 것은 아니지만 영향력 있는 지도자, 뛰어난 지도자가 되기 위해서 책을 통해 지혜와 통찰을 얻어야 한다. 우리가 미래의 지도자가 되고자 한다면 앞선 위인들의 본보기를 통해서 배워야 한다.

02

나를 바꾸고 싶어?
그럼 책을 읽자!

강준민 목사는 "좋은 책과의 만남이 미래를 결정한다"고 말한다.
우리가 현재 읽고 있는 책이 우리의 생각을 결정하고, 그 생각이 미래
를 결정하기 때문이다.

벤카슨의 'THINK BIG'

벤 카슨이라는 미국 소년이 있었다. 알파벳도 읽지 못하던 벤 카슨
은 초등학교 시절 반에서 항상 꼴찌였다. 글을 읽지 못했기 때문이
다. 어머니는 그런 벤 카슨을 위해 기도하다가 지혜를 얻었다. 지역
도서관에 벤을 데리고 가서 사서와 의논하고 그림책부터 읽도록 지
도했다.

벤은 동물과 식물, 그리고 광물에 관한 기초적인 그림책부터 보기

시작하였다. 학교에서 돌아온 후 해가 질 때까지 놀다가, 저녁에는 텔레비전을 보던 벤이 달라지기 시작하였다. 침대 위에 책을 쌓아놓고 많은 책을 읽었다. 벤은 어머니의 지도로 독후감도 썼다.

어느 날 과학 시간에 선생님이 검은 돌 하나를 가지고 들어 오셨다.

"이 돌이 무슨 돌입니까?"

아무도 대답을 하지 못했다. 그런데 갑자기 벤 카슨이 손을 들었다.

"흑요석입니다."

친구들이 놀랐다. 선생님도 크게 놀랐다.

선생님을 도와 벤 카슨은 학교 근처 철로 변에서 다양한 돌들을 수집했다. 중등과정을 우수한 성적으로 마친 그는 의과대학에 진학하여 공부한 후 대학병원 외과 과장이 되었다.

벤 카슨은 세계 최초로 몸의 일부(뇌나 심장)가 붙은 샴 쌍둥이 분리 수술에 성공한 의사가 되었다. 그가 쓴 책에는 이와 같은 기적 같은 수술 이야기도 나온다.

『벤 카슨의 싱크빅』이라는 책을 보면 'THINK BIG'의 각 알파벳을 가지고 그의 일생에 소중하고 의미 있었던 것들을 소개했다.

T는 TALENT, 재능이다.

H는 HONEST, 정직이다.

I는 INSIGHT, 통찰이다.

N은 NICE, 친절함이다.

K는 KNOWLEDGE, 지식이다.

B는 BOOK, 책이다.

I는 IN-DEPTH STUDY, 심화학습이다.

G는 GOD, 하나님이다.

벤 카슨은 책의 세계를 알게 해주신 어머니께 늘 감사하는 마음을 지니고 살았다. 한마디로 벤 카슨은 책과의 만남을 통해 변화를 경험하였다.

3중고의 사슬을 끊어버린 헬렌 켈러

헬렌 켈러(Helen Adams Keller, 1880~1968)도 책과의 만남을 통해 새로운 세계를 경험하게 되었다. 보지 못하고 듣지 못하고 말하지도 못하는 3중고의 헬렌 켈러는 설리반(Sullivan, 1866~1936) 선생님의 헌신적인 노력으로 이 세상 모든 사물에 각각 '이름'이 있다는 놀라운 사실을 깨닫게 되었다.

설리반은 집 마당의 수도 펌프가에서 헬렌의 손에 차가운 물을 틀어주고 '물'(water)이라는 단어를 손바닥에 써주었다. 헬렌 켈러는 그 기적의 경험을 "언어의 신비가 그 베일을 벗는 순간이었다"고 회고하였다. "맨 처음 손가락 끝으로 아는 글자를 만났을 때의 기쁨은 숨바꼭질에서 숨은 아이를 찾아냈을 때의 기쁨과 같았다"고 하였다.

그녀는 독서할 수 있는 조건을 전혀 갖추지 못했지만 정신적 흑암에서 벗어나고자 했다. 그 간절함을 가지고 헬렌은 독서를 시작한 것이다. 그는 "영혼에 신성한 힘을 주는 것은 독서"라고 말하며 책을 읽었다.

헬렌 켈러는 이렇게 고백했다.

"내가 책에 얼마나 많은 신세를 졌는지는 이루 다 말할 수 없다. 기쁨이나 지혜뿐만 아니라, 일반 사람들이 눈이나 귀로 얻는 지식까지도 나는 책에서 얻었다. 그 만큼 나의 배움에서 책은 보통 사람보다 훨씬 큰 의의를 지니고 있다. 내가 처음으로 이야기책을 읽은 것은 1887년 5월로, 내 나이는 7살이었다. 그 후로 오늘에 이르기까지 손가락 끝에 닿는 책은 모조리 읽었다. 처음에는 몇 권의 점자책밖에 갖고 있지 않았다. 그 책들의 점자가 닳아서 읽을 수 없을 지경이 될 때까지 반복하여 읽고 또 읽었다. 내 마음에 드는 책은 몇 번이고 암기할 정도로 읽었다."

"독서하다 보면, 나는 내가 장애자라는 것을 정말 느끼지 못했다. 내 영혼이 훨훨 하늘을 날아오르는 것 같은, 희열감을 느낀다."

이처럼 헬렌은 손가락 끝으로 세상을 배웠다. 책을 통해 생각할 수 있고, 책을 통해 즐거움과 행복을 느낄 수 있었기 때문에 책을 읽고 또 읽었다. 모르는 단어가 많아도 포기하지 않고 끝까지 되풀이하며 읽었다.

　헬렌 켈러는 항상 손에 책을 들고 있어야만 마음의 안정을 찾았다. 그것은 자신의 간절한 소망이 책을 통해 이루어졌기 때문이다. 마크 트웨인은 독서를 통해 3중고의 사슬을 끊어버린 헬렌 켈러를 나폴레옹과 함께 '역사의 2대 거인'이라고 극찬하였다.

베토벤을 일으켜 세운 한 구절

　독일의 작곡가 베토벤(1770~1827)도 좌절 가운데 방황할 때가 있었다. 그런데 어느 책에선가 읽은 한 구절이 그의 마음에 메아리쳤다.

　　"아직 좋은 일을 할 수 있는 동안에는 누구도 제 인생을 스스로 버려서는 안 된다."

　이 한 구절은 그에게 다시 살아갈 수 있는 힘을 주었다. 베토벤은 당대의 작가인 괴테의 작품은 말할 것도 없고, 호머, 플루타르크, 셰익스피어 등의 작품을 늘 가까이 두고 음미했다. 베토벤은 말하기를 "이 구절을 어느 책에선가 읽은 적이 없었던들, 나는 이미 이 세상을 저버렸을 것"이라고 했다. 평상시에 읽은 책의 한 구절이 그에게 큰 용기를 준 경우이다. 베토벤의 중요 작품들 중 일부는 그가 완전히 소리를 들을 수 없게 된 마지막 10년간에 작곡된 것이다.

　지난 역사를 살펴보면 많은 사람들이 독서를 통해 위로를 받고 용기를 얻었다. 뿐만 아니라 독서가 삶의 변화를 위한 디딤돌이 되었다. 인류 역사는 독서가 변화의 힘이라는 사실을 웅변적으로 증언한다.

03

독서는
창의력과 상상력의 원천

미국의 영화감독이자 제작자인 스티븐 앨런 스필버그(Steven Allan Spielberg)도 독서가 자신의 창의력과 상상력의 원천이라고 고백한다. 그의 어머니는 스필버그가 어렸을 때 매일 밤 아들이 잠들 때까지 동화책을 읽어 주었다. 그가 어릴 적 읽은 동화들은 환상적인 영화로 재탄생했다. 「쥬라기 공원」, 「인디아나 존스」, 「백 튜더 퓨처」 등 대성공을 거둔 영화들은 대부분 어린 시절 어머니에게서 들었던 동화적 감성에 의해서 만들어진 것이다.

그는 책을 들고 대화하는 사람으로 유명하다. 어떤 사람이 "당신과 같이 작품을 만들려면 어떻게 해야 합니까?"라는 질문에 그는 "책을 열심히 읽으세요."라고 답했다고 한다. 그는 집을 서재뿐만 아니라 손길이 닿는 곳마다 책으로 장식하였다. 그는 책을 사랑하고 존중하는 마음을 가지고 있었다. 어릴 때의 독서 습관이 오늘날 그를 훌륭한 영화인으로 만들었던 것이다.

어머니가 들려준 전래동화

독일의 문호 괴테(1749~1832)는 어릴 때부터 실로 광범위한 분야에서 재능을 보였는데, 특히 그의 문학적인 자질은 현재도 꾸준히 출판되고 있는 그의 감성적인 작품들에서 확인할 수 있다. 괴테는 이러한 자신의 문학적 관심이 어린 시절 베갯머리에서 어머니에게 들었던 전래동화에서 출발했음을 고백한 적이 있다.

그의 어머니 카타리나는 많은 교육을 받지 못하여 글을 겨우 읽고 쓸 수 있을 뿐이었지만 밤마다 잠들기 전에 괴테에게 전래동화를 한 편씩 들려주었다. 이때 이야기의 결말 부분은 들려주지 않고 어린 괴테에게 상상하여 완성을 해보라고 하였는데, 이를 통해 상상력과 추리력, 창작하는 습관까지 기르게 했던 것이다.

후일 괴테는 어머니의 독서 지도법이 자신을 작가로 만들었다고 회상한다. 괴테의 지능(IQ)은 190 정도로 추정된다. 이 천재적인 지능은 어머니의 독특한 독서 지도법에 힘입은 것이라고, 괴테를 연구하는 학자들은 한결같이 말한다. 어린 시절에 접한 전래 동화는 그의 상상력의 원천이 되었다.

독서를 통해 시심을 키우다

영국의 계관시인(桂冠詩人, Poet Laureate) 윌리엄 워즈워스(William Wordsworth, 1770~1850)는 영국 호수 지방의 북쪽 변방에 있는 컴벌랜드의 코커머스 출생이다. 대표적인 영국 낭만주의 시인인 그는 영국 왕실이 가장 명예로운 시인에게 내리는 칭호인 계관시인의 칭호를 1843년 73세의 나이에 받았고, 80세까지 장수하였다.

워즈워스는 8세 때 어머니와 13세 때 아버지를 잃고 누이동생 도로시와 함께 친척집에서 자랐다. 그는 1778년 호크스헤드 그래머 스쿨에 입학하였다. 학교에서는 교장 윌리엄 테일러로부터 독서 교육과 시작(詩作)의 기초를 배웠고, 영국의 시와 소설 외에도 『돈키호테』, 『아라비안나이트』 등을 탐독하며 공상 세계의 폭을 넓혀 나갔다. 케임브리지 대학 재학 중에는 고전문학과 이탈리아어 학습에 몰두하였다.

그는 어렸을 때부터 책을 가까이 하며 책 읽기를 통해 정서적 경험을 쌓아 나갔다. 책 속에서 다양한 경험을 배우고 느끼며 시심(詩心)을 키웠다.

특히 25세부터 약 2년간 레이스다운(Racedown)에 머물면서 독서에 전념하였다. 이 시기에 그는 자신이 앞으로 하고 싶은 것은 무엇인지 깨달았다. 그는 스스로 독서를 통해 목표를 세우고 조용한 마음으로 자연과 함께 정신적 안정을 되찾았다고 한다.

후에 메리 허친슨과 결혼한 후에도 모든 생활을 독서와 시작(詩作)에 열중하며 시간을 보냈다. 비평가들은 대략 이 시기(1796~1806)를 워즈워스의 '위대한 10년'이라고 부른다. 독서로 얻은 지식과 맑은 정신으로 「서곡」과 「영혼불멸송」 등 걸작품들을 모두 이 시기에 썼다.

그는 아이들의 밝은 미래는 바로 책 속에 있다고 강조하였다. 또한 독서가 창의력과 문제를 해결하는 능력을 키워준다고 믿었다.

상상력의 뿌리에 책이 있다

초대 문화부 장관이었던 이어령 박사도 "내 상상력의 뿌리는 책에 있다."고 말했다. 사람들은 가끔 이 박사에게 이렇게 묻곤 하였다.

"당신은 대학 교수고, 문인이고, 문학 평론가고, 어떤 때는 시나리오도 썼는가 하면 서울 올림픽, 대전 엑스포, 최근에는 무주 유니버시아드까지, 그러한 이벤트를 기획하기도 한다. 도대체 그 많은 일을, 그 많은 서로 다른 상상력을 어디에서 끌어오는가?"

그러면 이 박사는 이렇게 대답하곤 한다.

"내 모든 상상력의 뿌리에는 책이 있다. 사람들은 어머니로부터 탯줄로 이어져서 이 세상에 태어나지만, 내 의식은 책이라는 것에 의한 하나의 탯줄을 가지고 있었다."

이어령은 어렸을 때 많은 형제들 틈에서 자랐지만 형들은 다 서울에 있었고 그는 시골에서 외롭게 혼자 지냈다. 형들은 대학교와 중·고등학교를 다녔고, 누나들도 여학교에 다녔다. 방학 때마다 형과 누나들은 어려운 책들을 읽으려고 가져왔다가 그냥 놔두고 서울로 올라갔다.

이어령은 읽을 책이 없어서 눈에 보이고 손에 잡히는 대로 책을 마구잡이로 읽었다. 사람들이 염려하기도 했다. 아이 수준에 맞지 않는 어려운 책을 왜 읽느냐고 꾸짖는 선생님도 있었다. 하지만 그는 초등학교 6학년이 되기 이전에 이미 세계문학전집 36권을 다 읽었다.

그는 이렇게 겸손하게 말한다.

"오늘날 남보다 뛰어나게 머리가 좋은 것도 아니고, 건강한 것도 아니고, 그렇다고 무슨 특별한 교육을 받은 것도 아닌데도 불구하고 무언가 솟아나는 힘의 원천을 찾아보면 어렸을 때 읽었던 책 한 권 한 권의 영상이 떠오르는 것입니다."

어린 시절 읽은 책이 그의 창의력과 상상력의 원천이 된 것이다.

04

꿈과 비전이 필요해?
책 속에 길이 있다

"그대의 꿈이 한 번도 실현되지 않았다고 해서 가엾게 생각해서
는 안 된다. 정말 가엾은 것은 한 번도 꿈을 꾸어보지 않았던 사람
들이다."

독일의 피아니스트이자 지휘자, 음악 감독인 크리스토프 에센바흐
(Christoph Eschenbach)의 말이다.
도한호 교수(전 침례신학대학교 총장)도 젊은이들에게 이렇게 말했다.

"꿈을 간직하라. 사람은 자기가 가진 꿈만큼 성장한다. 실현이 불
가능해 보일지라도 버려서는 안 된다. 그것은, 꿈은 난파선에 탄 사
람이 나침반을 가진 것과 같이 인생의 방향을 비춰주기 때문이다."

비전이란 무엇인가? 『비전과 존재혁명』에서 저자 강준민 목사는 "비전은 보는 것이다. 남이 볼 수 없는 것을 보는 것"이라고 말한다. 보는 것은 생각하는 것과 밀접한 관련이 있다. 보는 것은 생각하는 것을 반영하기 때문이다. 독서는 우리가 꿈을 꾸도록 도와준다. 볼 수 없는 세계를 볼 수 있게 하고 비전을 갖도록 도전한다.

독서를 통해 비전 세우고 실현시키기

힐러리 클린턴(Hillary Clinton)은 독서를 통해 비전을 키운 인물이다.

힐러리는 1947년 10월 일리노이 주 시카고에서 태어났다. 힐러리의 어머니는 그녀가 어릴 때부터 매주 도서관에 데려갔다. 그 결과 힐러리는 자연스럽게 어린이 서적을 접할 수 있었고 책 읽는 습관을 갖게 되었다.

대학 시절, 힐러리는 10대 때 선생님이었던 돈 존스 목사에게 편지를 보냈다. 이 편지에서 힐러리는 "공부벌레가 되고 싶다. 밤낮을 잊고 도서관에서 생활하는 좋은 학생이 되고 싶다."고 썼다. 대학생으로서 그녀는 책에 파묻혀 열심히 공부했다.

힐러리에게는 정계에 진출하여 궁극적으로는 최초의 여자 대통령이 되고자 하는 야망이 있었다. 그래서 독서에 몰입했다. 그녀의 손에는 언제나 책이 들려 있었다.

그녀는 철학, 사회학 위주의 책을 많이 읽었다. 또한 단순히 책을 읽는 소극적인 독서에 만족하지 않았다. 토론의 기회가 주어지면 독서에서 얻은 지식을 인용하였다. 대회를 할 때도 철학 고전에 나오는 내용을 요약하여 사용하기도 했다.

그녀는 몇 가지 독서 원칙을 지켰다. 그것은 "텔레비전을 볼 시간에 책을 읽는다, 책을 읽고 나면 토론을 한다, 저자와 직접 만나는 기회를 자주 얻는다, 10대 시절에 읽었던 책을 다시 읽는다, 하나의 사건과 관련해 가능한 모든 입장을 알려고 노력한다."이다.

힐러리는 독서를 통해 비전을 구체화하였다. 독서에 몰입한 결과 자연스럽게 지성미도 갖추게 되었다. 뿐만 아니라 탁월한 연설 실력도 갖추었다.

탁월한 연설가인 힐러리에게는 인용문, 속담, 격언, 성경 구절이 빼곡히 적힌 수첩이 있다. 언제 어디서라도 정곡을 찌르는 연설을 할 수 있는 그녀는 독서를 통해 얻은 명언과 명문들을 수첩에 가득 적어 두었다.

도전의식이 강했던 힐러리는 꿈만 꾸지 않았다. 독서를 통해 구체적인 비전을 세우고 목표를 향해 나아가는 전략도 세웠다. 힐러리는 독서를 통해 비전을 실현하였다.

비전을 가진 사람은 많지만 그 비전을 성취하는 사람은 소수에 불과하다. 비전은 발견한다고 이루어지는 것이 아니다. 모든 비전들에는 비전을 이루기 위한 과정이 있다. 독서는 필수적인 과정이다. 우리는 성경과 기독교 고전 그리고 신앙인물 전기를 통해 꿈과 비전을 찾아 갈 수 있다.

"꿈은 날짜와 함께 적어놓으면
목표가 되고
목표를 잘게 나누면 계획이 되며
계획을 실행에 옮기면
꿈은 실현되는 것이다."

—그레그 S. 레이드(Greg S. Reid)

05

독서는
정신적 자립의 길이다

책은 길 잃은 사람에게는 나침반의 역할을 하고 길을 찾는 이에게는 지도가 된다. 또 낙심하고 주저앉은 사람을 일으켜 세우는 탁월한 도구가 되기도 한다.

책은 말없는 상담자

미국의 오프라 윈프리(Oprah Gail Winfrey)는 '토크쇼의 여왕'으로 불린다. 그녀는 또한 「타임」지가 선정한 '20세기 영향력 있는 인물 100인'에 포함되기도 하였다.

그녀는 태어날 때부터 사생아로 태어났으며, 그의 어린 시절은 말로 다할 수 없는 기구한 인생이었다. 윈프리는 흑인 빈민가 출신으로 14세에 임신을 하고 20대에 마약을 하며 방황을 하였다. 자칫 인생의 낙

오자로 전락할 위기에 처했지만 고난을 극복하는 흑인 여성들의 삶을 다룬 소설을 읽으면서 변화해 성공한 여성의 대명사가 됐다.

그 책들은 그를 재치와 번득이는 예지 그리고 수준 높은 교양인으로 만들어 주었다. 윈프리가 처음 읽은 책은 『브루클린의 나무』(A Tree in Brooklyn)이다. 그리고 『컬러 퍼플』(The Color Purple), 『주빌리』(Jubilee) 등이다. 그는 자기가 받은 상처, 자기가 당한 그 고통의 경험들을 가지고 다른 이의 아픔을 싸매고 감쌀 줄 아는 사람이 되었다.

영성 작가로 유명한 헨리 나우웬은 "윈프리! 그녀는 상처받은 치유자입니다."라고 말했다. 윈프리는 "독서를 통해 얻을 수 있는 최고의 가치는 사람을 이해할 수 있는 마음을 지니게 되는 것"이라고 말했다. 책은 그녀에게 '말없는' 상담자가 된 것이다.

그녀의 전기 작가는 "오프라는 도서관 카드를 소유하는 것을 마치 미국 시민권을 얻는 것처럼 생각했다."고 기록했다. 책과의 만남은 오프라 윈프리에게의 정신적 자립의 길을 열어주었다.

매일 3시간 이상 책을 읽은 조만제 교수

『책 읽는 젊은이에게 미래가 있다』의 저자 조만제(경희대 명예교수)는 젊은 날의 독서가 봄에 좋은 씨앗을 많이 뿌리는 일과 같다고 말한다. 흡수력과 성장력이 강한 청소년 시절에 좋은 책을 많이 읽어야 한다는 것이다.

조만제 교수는 청소년기에 엄격한 규칙을 세워놓고 독서를 실천하였다. 사실 그 자신도 중학생이 돼서야 책이 눈에 들어 왔다고 한다. 그의 아버지는 대단한 독서가였다. 초등학교도 안 나왔지만 직장에서 다른 사람들의 숙직을 도맡아하며 아무리 경제적으로 어려워도 필요한 책은 꼭 샀다. 점심을 굶어가며 돈을 모아 장날에는 책을 샀다. 그렇게 모아놓은 아버지의 책은 늘 서가에 꽂혀 있었지만 그 책들이 조교수의 눈에 들어온 것은 중학생 때였다. 심훈의 『상록수』를 읽으며 눈물을 흘리던 때가 바로 그 무렵이었다.

많은 책을 읽고 성경암송대회나 성경퀴즈대회에서 늘 1등을 했지만, 신앙에 회의가 들 때도 있었다. 그럴 때는 "이 믿음이 아버지 믿음이지 내 믿음인가?"라는 생각이 들었다고 한다.

그러던 어느 날 갈등 가운데서 기도하는데, '네가 성경을 한 번이라도 통독한 적이 있느냐?'라는 생각이 들었다. 학생 조만제는 그래서 "성경을 읽고 신앙을 가질 것인지 버릴 것인지 선택을 하자"며 성경을 독파하기로 작정하였다. 하지만 성경을 1독 해도 잘 이해가 되지 않아 2독, 3독을 했다. 그러고 나서 그는 깨달았다.

"다른 책은 한두 번 읽으면 다 이해가 되는데 이 책은 그런 책이
아니구나. 이 책은 읽고 버릴 책이 아니고 내가 평생 읽고 따라야할
책이구나."

그는 고등학교 2학년 때 매일 3시간 이상 독서하기로 결심하고, 그

이후 일평생 그 다짐을 실천하였다. 또한 결혼 후 자녀가 생기자 자신의 자녀 교육에서도 책 읽기를 강조하였다.

그는 독서는 취미가 아니라 생활이라고 말한다. 독서란 인간이 인간답게 성장하는 데 필요한 일이다. 결국 독서의 의미는 동서고금의 위대한 사상가 및 학자들과 친밀히 교제함으로써 가치 체계를 확충하며 지식을 넓혀 인격의 완성을 돕는 데 있다는 것이다. 그리고 진정한 독서란 금방 그 결과가 나타나는 것이 아니다. 계속해서 우리의 정신과 사상 그리고 인격에 영양분을 줄 때 오랜 시간이 지난 후에 나타난다. 그는 "책은 선인들의 유산으로서 그 시대에 대한 경의(敬意)와 감사한 마음을 가지고 읽어야 한다."고 말한다.

조 교수의 아이들이 어렸을 때 일이다. 책방에 갔다가 뜻하지도 않던 문고본 몇 권과 아이들에게 줄 동화책 몇 권을 사들고 집에 들어갔다. 아이들이 무척 좋아하자 성탄절과 입학과 졸업 때마다 세계동화전집, 세계위인전집, 그리고 세계문학전집을 선물로 사주었다. 그리고 이 책을 평소에는 20쪽씩, 시간에 여유가 있을 때는 50쪽씩 읽게 했다. 다 읽고 나면 독후감을 쓰도록 지도했다. 독후감 쓴 것을 발표한 뒤에는 상금도 주었다. 아이들은 그 상금을 저금하였고 나중에 이웃을 위해 사용하거나 자기에게 꼭 필요한 것을 사는 데 썼다.

2남 2녀의 자녀는 각자의 재능을 발휘하여 이제는 자기 분야에서 열심히 일하고 사회를 위해 봉사하고 있다. 큰 아들은 의사, 둘째 아들은 목사가 되었고, 큰딸은 영어 전공자, 둘째 딸은 기독교교육 전공자가 되었다.

조 교수는 20대 시절 식욕이 왕성한 사람이 먹을 것을 탐하듯 닥치는 대로 책을 읽었다. 그리고 감명 깊은 책은 재독, 삼독했다. 그러나 차츰 독서의 수준이 높아지면서 정독으로 방향이 바뀌었다. 책을 미리 선택하여 책상에 앉아 천천히 한 줄, 한 줄 음미하듯 독서하면서 책 읽는 즐거움을 깨닫게 되었다.

조 교수에 의하면 독서의 목적은 크게 세 가지이다.

> 첫째로, 올바른 가치관을 얻기 위해 책을 읽는다.
> 둘째로, 미래에 할 일을 발견하기 위해 책을 읽는다.
> 셋째로, 잠재력을 계발하기 위해 책을 읽는다.

조 교수는 고등학교 교사 시절부터 경희대학교 평화복지대학원 교수로 가르치는 동안에도 독서클럽을 조직하여 지도하곤 했다. 그는 끊임없이 책 사랑의 본을 보여주었고, 독서가 삶의 우선순위에서 으뜸이라고 강조하였다.

특히 그는 독서가 모든 학습의 기초라는 점을 거듭 역설하였다. 청소년과 젊은이를 대상으로 하는 강의나 학부모를 위한 부모 교육 프로그램에서 그는 독서가 학습에 미치는 영향을 구체적인 사례를 들어가며 설명하였다. 그가 네 자녀를 키우면서 실천한 '독서 학습'은 그 구체적인 사례라고 할 수 있다. 독서 학습을 통해 그의 네 자녀는 자기 주도적 학습 태도를 배울 수 있었다. 그는 "모든 학습의 기초는 독서"라고 늘 강조하였다. 독서가 정신적 자립에 이르는 왕도이기 때문이다.

러시아의 작가 막심 고리키(Maxim Gorki, 1868~1936)도 독서를 통해 정신적 자립을 경험한 인물이다. 그는 자신의 독서 경험에 대해 다음과 같이 말한 적이 있다.

> "책을 읽으며 나는 자주 울었다. 책 속의 이야기는 너무도 감동적이고 내게 너무도 많은 교훈을 주었다. 동화책에서 날아온 신기한 새들의 노래처럼 이야기를 들려주었다. 책은 삶의 온갖 모습과 풍요로움을 들려주고 선과 아름다움을 향한 인간의 질긴 투쟁을 이야기해 주었다. 읽으면 읽을수록 나는 친절한 영혼이 내 가슴을 채우는 것을 느낄 수 있었다. 나는 훨씬 침착해졌고 자신감이 생겨났다. 공부도 한결 잘 되었고 삶이 나에게 퍼붓는 수많은 모욕들을 대수롭지 않게 여길 수 있게 되었다."

책은 우리의 가장 조용하고도 영원한 친구다. 또한 책은 우리 곁에 가장 가까이 있는, 가장 현명한 카운슬러이자, 가장 인내심 있는 선생님이다. 우리는 책의 도움을 받아 비로소 정신적으로 굳건하게 설 수 있다.

최근에 당신이 도서관에서 다 읽을 수 없을 만큼의
책을 안고 집으로 온 적이 언제인가?
최근에 책에 코를 대고 냄새를 맡아보았던 적이 언제인가?
최근에 헌책방을 발견해서 혼자 그 안을 돌아다니며
몇 시간씩 책꽂이 앞에 서 있은 적은 언제인가?
시간 가는 줄 모른다는 것은 지식에 갈증을 느끼는
당신의 본성을 나타내는 것이다.

—레이 브래드버리(Ray Bradbury)

2부

알짜만 콕콕 찍어주는
독서 가이드,
이런 책을 읽자!

01

멘토를 만나는 지름길, 인물전기

한 인물에 대한 전기(傳記)는 보물창고와 같다. 전기에는 인생 선배들의 풍부한 경험이 보화처럼 간직되어 있기 때문이다. 전기를 읽으면 우리에게 어떤 유익이 있을까? 전기 읽기는 청소년기에 자신의 인격과 신앙을 든든하게 성장시키는 데 매우 중요한 자양분이 된다.

전기 읽기는 자기 이해의 거울이다. 우리는 전기를 읽을 때 자기 자신을 새롭게 이해하고 발견하게 된다. 전기 읽기는 삶의 목표 설정을 도와준다. 즉 전기는 우리들의 삶에 있어서 표지판과 안내인 역할을 한다.

전기 읽기를 통해 우리는 성공적 인생의 과정과 방법을 배우게 된다. 성숙한 인생 선배들의 전기는 우리에게 인생의 로드맵이다. 위인들이 역경 속에서 보여준 해결책을 나의 해결책의 실마리로 삼을 수 있다.

어렸을 때 인물 전기를 많이 읽은 백금산 목사(예수가족교회)에 따르면, 전기를 읽으면서 다른 무엇보다 우선적으로 주의해야 할 점은 사람을 영웅화하거나 우상화해서는 안 된다는 점이다. 사람은 누구나 장단점을 가지고 있다. 모든 면에서 완전한 인간은 이 세상에 존재하지 않는다. 그러므로 자신의 왜소함으로 인해 절망하거나 자포자기하지 말아야 한다. 우리는 전기를 읽으면서 그들의 장점과 단점 모두를 우리 삶에 적용하기 위한 거울로 삼아야 한다.

20세기의 탁월한 설교자 마틴 로이드 존스(1899~1981)는 "자랑하려는 성향을 제지하는 가장 훌륭한 방법은 위대한 분들의 전기를 읽는 것"이라고 말했다.

전기를 읽는 것은 여러모로 유익하다. 우리는 전기를 통해 인생 선배들의 가르침을 접할 수 있고 많은 지혜를 배울 수 있다. 특히 신앙 선배들의 전기는 우리에게 신앙 성숙의 본보기로서 중요하다.

예를 들면, 템플턴상을 수상한 한경직 목사(1902~2000)는 청빈과 겸손의 본을 남겨주었다.

한경직 목사가 태어난 곳은 평안남도 평원군 공덕면 간리의 작은 마을이었다. 그는 한도풍 씨의 맏아들로 1902년 12월 29일(음력) 태어났다. 그의 부친은 농부였지만 학문에 대한 관심이 많았던 분이다. 그 자신은 집안이 가난하여 공부를 못했다. 그러나 자식들에게는 자신이 못한 공부를 시키려고 온갖 노력을 기울였다. 또한 그는 일찍 기

독교를 받아들였고, 따라서 한경직이라는 큰 인물을 기르는 온상이
되었다.

한경직은 동네 다른 아이들처럼 한문을 먼저 배웠다. 그가 한글을
좋아하게 된 것은 우연한 기회를 통해서였다. 같은 동네에 6촌 형제
집이 있었다. 그 집안은 한씨 가문에서 제일 먼저 기독교 신앙을 받아
들였기에 가족들이 모두 믿음이 강했다.

한경직이 한글을 좋아하게 된 것도 6촌 집안의 대문에 써 붙인 성경
구절 때문이었다. 그것은 전도를 위해 써 붙인 요한복음 3장 16절이
었다. 그 말씀이 한경직이 제일 먼저 배운 한글 문장이었고, 이 구절이
오늘날의 한경직 목사를 있게 만들었다(참고. 강정훈 지음, 『사랑이 꽃
피는 큰 나무』, 문예춘추사).

그 후 한경직은 고향 교회에서 설립한 진광소학교를 마치고 정주
오산중학교를 거쳐 평양 숭실전문학교에 진학하였다. 숭실의 교육과
정의 주된 순위를 보면 신앙이 그 첫째요, 애국이 그 둘째요, 과학이
그 셋째였다. 교육과정 순위를 보면 이 학교의 성격을 짐작할 수 있을
것이다. 그렇다고 졸업생 모두가 목사가 된다는 것은 아니었다. 그러
나 학교 측에서는 학생들이 예수 믿는 사람으로서 애국하기를 바랐
다. 과학자가 되더라도 예수 믿는 과학자가 되기를 바랐다.

숭실대학 3학년 여름 방학 때였다. 방위량 선교사는 피서 겸 지나간
일들을 정리하고 새로운 계획의 수립과 준비를 위하여 황해도 구미포
에 가게 되었다. 방 선교사를 돕기 위하여 한 목사도 동행하였다.

구미포는 그리 크지 않으나 매우 중요한 포구였다. 한 목사는 바닷가 황혼의 경치에 마음이 끌렸다. 모래사장을 밟으면서 명상을 하였다. 순간 한 목사는 기도하고 싶은 생각이 들었다. 그런데 모래사장에서 무릎을 꿇고 기도하던 한 목사에게 이상한 충격이 느껴졌다. 그는 그 자리에서 주님의 음성을 들었다. 그리고 주님의 부르심에 헌신할 것을 약속하였다. 온 몸과 마음을 주님께 드리기로 결심하였다.

이를 통해 한 목사의 삶의 방향은 다시 정립되었다. 하나님의 강력한 부르심에 한 목사는 순종하기로 하였다. 갈 길을 정해 주셨으니 가고자 하는 그 길에 또한 동행해 주실 것을 확신하였다. 보잘 것 없는 한 과학도를 친히 불러 하나님의 종이 되게 하심은 하나님의 특별한 은혜의 섭리라고 한 목사는 믿었다.

그는 방위량(Blair) 선교사의 주선으로 미국에 건너가 공부하던 중 폐결핵에 걸렸다. 그는 결핵요양원의 목사관에서 2년간 요양한 후 완쾌할 수 있었다. 한경직은 2년간의 투병생활을 독서와 기도로 일관하였다. 그는 평생 주님을 위하여 헌신할 것을 다짐한 후 귀국하였다.

귀국 후 그는 숭인상업학교에서 영어와 성경을 가르치면서 외국의 문물을 소개하고 애국사상을 고취하였다. 약 1년 후 모교인 숭실전문학교 교수로 초빙을 받아 부임하기로 결정하였으나 한 목사의 사상이 불온하다는 이유로 일본 당국이 불허하여 뜻을 이루지 못하였다.

주위의 친구들은 평양에 남아서 목회 하도록 권하고 주선도 하였다. 드디어 1933년 그는 신의주 제2교회에 부임하였다. 교회는 날로

부흥 발전하였다. 1935년에는 건평 360평의 2층 건물을 완성하였다. 그러나 1941년 일본 당국은 요시찰 인물인 한경직 목사를 신의주 제2 교회에서 추방하였다.

해방 후 북한을 탈출한 한경직 목사는 서울에서 '베다니전도교회'(영 락교회 전신)를 창립하였다. 창립예배는 1945년 12월 2일에 드렸고, 모 인 사람은 모두 27명이었다. 1946년 새해를 맞이하면서 교인은 천명 이 넘었다. 당시 베다니교회는 피난민 교회로 통하였다. 1946년 8월 5 일 주일에 부인 전도회가 조직되었고, 교회는 안정되어 가고 있었다. 1947년 6월에 이르러 교인 수는 이미 2천명이 넘었다.

『영락교회 35년사』에서는 한경직 목사의 인격을 다음과 같이 묘사 하고 있다.

> "그의 인격은 문자 그대로 '전인적인 신앙인'이기에 신앙과 생활
> 사이에 괴리가 없고 신앙과 신학 사이에도 모순이 없다. 한경직 목
> 사는 항상 그리스도를 모시는 경건한 목사이다."

한경직 목사는 항상 베푸는 삶을 실천하였다. 그는 주변 사람들에 게 나눠주기 위하여 청렴 청빈한 생활을 하였고 봉급을 털어서 남을 도와주었다. 심지어는 자신이 입고 있던 옷을 벗어주는 일까지 있었 다. 그리고 그는 이렇게 베푸는 일을 아무도 모르게 하려고 노력하였 다. 1992년 5월 7일 한경직 목사는 영국 버킹검궁에서 '종교의 노벨상'

이라고 불리는 템플턴상을 수상하였다.

2000년 4월 19일, 향년 97세로 한 목사는 하나님의 품에 안기었다. 그러나 그의 겸손과 청빈의 삶이 남긴 향기는 지금도 많은 이에게 영향을 끼치고 있다. 그의 구술 자서전은 『나의 감사』라는 제목으로 출간되었고, 소설가 조성기는 『한경직 평전』을 썼다. 그밖에 『아름다운 빈손 한경직』, 『아름다운 사람 한경직』 등의 전기가 있다.

남아프리카공화국의 넬슨 만델라(Nelson Mandela, 1918~2013)도 많은 사람의 존경을 받는 인물이다. 그는 인종차별의 벽을 '용서와 화해'로 넘은 사람이다. 27년에 걸친 수감 생활 끝에 1990년 출옥해 4년 뒤 남아프리카공화국의 대통령에 오른 인물이기도 하다. 그는 5년의 임기를 마친 후, 세계의 분쟁지역을 다니며 용서와 화해를 전하고 다녔다.

만델라는 1918년에 남아프리카공화국 케이프 주의 동부에서 태어났다. 아버지는 템부왕족 대추장의 자문역을 지낸 인물이다. 만델라는 그 추장의 도움으로 공부를 시작하였다. 그러나 대학생일 때 자치활동에 가담한 이유로 친구와 함께 정학을 당했다.

후에 만델라는 아프리카민족회의(ANC)의 문을 두드렸다. ANC 내에 청년동맹을 결성하고 그 서기장이 되었다가 ANC 본부 실행위원이 되면서 흑인 지도자로 성장한다.

바로 그 무렵인 1948년에 총선거에서 승리한 백인들의 정당 국민당은 아파르트헤이트(Apartheid)라는 인종차별법을 제정하고 조직적으로 흑인들을 차별하였다.

만델라는 민족회의 청년동맹의 의장이 되고 곧 아파르트헤이트법에 대한 불복종 운동을 시작하였다. 네덜란드인의 아프리카 상륙 300주년이 되는 1952년 4월 6일 만델라는 비폭력시위를 총지휘했고 그 일로 체포당했다. 불복종운동은 전국에 확산되고 외국에서도 주목하기 시작하였다.

1980년대에 들어와서 만델라의 석방운동이 세계각처에서 일어났다. 당시 남아공 대통령이었던 보타는 85년 국회 연설에서 "만델라의 석방은 그 자신에게 달렸다."고 말했다. 그러나 만델라는 옥중서신을 통해 "나는 폭력을 싫어한다. 무기를 선택할 수밖에 없도록 정부는 우리를 몰아세웠다."고 응수하였다.

27년 만에 풀려난 만델라는 "인종차별을 끝내라. 정치범들을 전원 석방하라. 정부도 ANC도 다 같이 무력사용을 포기하라"고 외쳤다. 만델라는 백인 정권의 수장인 드 클락 대통령과 적극적으로 대화하고 협력해서 과도기의 혼란을 막고 용서와 화해를 기조로 한 새 정부 수립을 추진하였다. 그 공로로 1993년 만델라는 드 클락과 나란히 노벨평화상을 수상한다. 그리고 다음해에 대통령으로 취임한다.

만델라는 대통령직에 오르자마자 성공회의 투투 주교를 수장으로 하는 '진실과화해위원회'를 출범시켰다. 진실이 밝혀지기 전까지는 사면과 화해는 없다고 주장한 만델라는 "우리는 용서할 수는 있으나 결코 잊을 수는 없다."고 밝혔다.

넬슨 만델라의 저서로는 『만델라 자서전』, 『자신과의 대화 : 넬슨 만델라 최후의 자서전』 등이 있고, 전기로는 자크 랑이 쓴 『넬슨 만델라 평전』이 있다. 데즈먼드 투투 주교가 쓴 『용서 없이 미래 없다』는 남아프리카공화국의 '진실과화해위원회'가 이룬 화해의 과정과 그 과정에서 얻은 심오한 지혜를 전해주고 있다.

02

문학의 향기에 취해보자

문학(文學)에 관한 정의는 다양하다.

　"문학이란 언어가 문자를 통해서 미적(美的)으로 구성된 것이다"(김동리).
　"문학이란 인간의 사상과 감정을 예술적 표현으로 묘사한 언어의 기록이다"(이인복).

『문학비평용어사전』에서 저자 이상섭은 '문학'을 다음과 같이 설명하고 있다.

　"동양에서 문학이라는 낱말이 문예, 언어예술, 의미예술 등의 뜻으로 쓰인 것은 서양문물에 접하고 나서부터다. 문학이란 문자 그대로 하자면 '글공부'란 뜻밖에 없다. 서양의 리테라투라(literatura)란 말도 본래는 글로 쓰여진 것, 즉 문헌, 특히 어떤 학문 분야에 관련된 문헌을 뜻하는 말이었다가 19세기에 이르러서 비로소 현재의 의미를 갖게 되었고, 그 전에는 포에시아(poesia), 즉 '시'라는 말을 현재의 '문학'에 해당하는 말로 썼다. 동양에서도 문학에 해당하는 말로서 시, 시문(詩文)이라는 말을 썼으니, 동서양을 막론하고 문학은 시라는 다소 한정된 개념을 갖고 있었다."

문학은 인간 체험의 표현이다. 역사(歷史)가 있었던 일을 기록한 것이라면 문학은 있음직한 일을 기록한 것이다. 그리하여 문학 작품을 통해 다양한 인생을 대리 체험함으로써 독자는 문학을 통해 인생을 높게 넓게 그리고 깊이 배운다. 좋은 작품은 교훈적 내용과 예술적 표현미를 공유한 작품이라고 말할 수 있다.

문학의 주제는 인간의 체험이다. 문학은 체험에 대한 지식을 전달하는 것이 아니다. 문학은 그 체험을 가능한 한 구체적으로 생생하게 제공해 준다. 말하자면, 문학은 기계를 조립하기 위한 설명서라기보다는 기계 그 자체의 그림이다.

문학은 경험을 재창조한다. 그리고 그 경험에 대해 해석도 한다. 한편의 소설은 우리로 하여금 경험과 삶을 들여다볼 수 있게 하는 창문이다. 이것은 다음과 같은 도식으로 표현할 수 있다.

독자 ----〉 문학 작품 ----〉 삶

문학의 주제는 인간 경험이다. 영문학자 리렌드 라이켄은 말하기를 "문학 작품은 삶의 한 선택적 측면으로 우리의 생각을 집중시켜서 그것에 대한 우리의 이해를 분명하게 해주는 것"이라고 했다.

그렇다면 문학은 왜 유익한가?

첫째, 즐거움과 배움이 있기 때문이다.

문학은 다른 예술과 마찬가지로 상상력을 통해 시공을 벗어나 여행을 하면서 보고, 배우고, 즐길 수 있게 해준다. 그리고 이 과정에서 우리는 더 성숙한 모습으로 보고 배우고 즐길 수 있게 된다. 문학은 즐거움에서 시작해서 지혜로 끝나고, 즐거움에서 시작해서 삶을 명료하게 하는 것으로 끝난다.

둘째, 다른 사람의 시각을 통해서 볼 수 있기 때문이다.

환상적 작품의 저자이기도 한 루이스(C. S. Lewis)는 이 점에 관해 다음과 같이 말한다.

"우리는 우리의 존재를 확장하기 위해 애쓴다. 우리는 우리 자신을 넘어서고 싶어 하는 것이다. 본성적으로 우리 모두는 자기 자신의 독특한 관점과 선별 기준을 가지고 있어서, 그 입장에서 전체의 세계를 본다. … 우리는 우리 자신의 입장에서뿐만 아니라 다른 사람의 눈으로 보고, 다른 사람의 상상력으로 상상하며, 다른 사람의 마음으로 느끼고 싶어 한다. 우리에게는 바라볼 창문이 필요하다. 이것은, 내가 아는 한, 문학이 가진 특이한 가치요 이점이다. 왜냐하면 문학은 우리 아닌 다른 사람의 체험으로 우리를 인도해 주기 때문이다. 나 자신의 시각만으로는 충분하지 않다. 다른 사람의 시각을 통해서도 보아야 하는 것이다."

셋째, 사고의 지평이 넓어지기 때문이다.

우리는 문학을 읽으면서 우리 주변 사람들에 대한 각성된 의식을 갖게 된다. 문학은 우리로 하여금 인류가 간직한 기쁨과 슬픔, 그리고 고뇌와 환희에 참여할 수 있도록 해주는 것이다. 또한 문학은 사고를 도와주는 촉매 역할을 한다. 문학은 위대한 주제나 사상에 대해 생각하도록 우리를 인도한다.

그렇다면 작품을 통해 작가는 무엇을 하는가? 작가는 어떻게 문학 작품을 쓸까? 작가들이 하는 일을 세 가지 요소로 나누어 볼 수 있다.

1) 작가들은 예술적 대상(소설, 시, 희곡)을 창조한다. 여기에는 예술적 형식도 포함된다.
2) 작가들은 독자들이 생각할 수 있도록 인간 체험의 한 면을 제시한다.

3) 작가들은 그들이 제시하는 그 체험을 해석한다. 이 해석은 작가

    자신의 세계관에 의존한다.

작가는 종종 우리가 '인생관'이라고 부를 수 있는 무언가를 전달하려고 한다. 소설가들은 독자를 즐겁게 하는 것 이상의 일을 한다. 왜냐하면 소설을 쓴다는 것은 한 세계를 창조하고 하나의 행동을 제시하는 것이기 때문이다.

작가는 자기의 인생관 또는 세계관을 독자와 공유하려고 한다. 작가는 우리가 어떤 것은 긍정하고 어떤 것은 부정하도록 자기의 작품을 쓰는 것이다.

평론가 김승옥에 따르면, "글을 쓴다는 것은 밖의 것을 받아들여(impression) 자기의 마음이라는 필터에 걸러낸 후, 밖으로 뱉어 놓는 것(expression)을 말한다. … 무엇을 쓴다는 것은 그리 거창한 것이 아니다. 일상사에서 일어나는 각자의 느낌, 작은 것을 세밀하게 관찰하여 거기서 오는 새로운 발견이 바로 글의 시작이 되는 것이다."

그러면 작가의 창작 동기는 무엇일까? 그들은 어떻게 문학작품을 쓸까?

시인 박이도는 말을 배우고 글을 읽을 수 있게 되면서부터 세상에 대한 호기심이 싹트기 시작하였다고 한다. 그에 의하면, 문학을 통한 자기표현은 창조지향의 욕구이다.

박 시인은 그의 형님이 문학전집을 탐독하는 모습을 보고 문학에

대한 호기심을 갖게 되었다. 형님의 진지하고 열중하는 모습에서 책 읽기에 대한 좋은 인상을 받았던 것이다.

박 시인이 시 쓰기에 열중할 수 있었던 것은 좋은 시를 읽으면서 그 시에 감동되는 순간을 경험할 수 있었기 때문이다. 좋은 시를 읽는 동안에 계속 써보고 싶은 충동이 일어났다는 것이다.

소설가 이경자는 강원도 양양 출신으로 1973년 서울신문 신춘문예에 단편 『확인』이 당선되면서 등단했다. 그는 "작품은 절대적으로 독자의 것이므로, 이것이 독자에게로 가서 어떻게 읽힐까를 머릿속에서 한순간도 잊지 않고 글을 쓴다. 내 글이 독자의 밥이기를 희망하기 때문이다."라고 말한다.

그에 의하면 작가는 일차적으로 자기가 현재 살고 있는 공동체의 삶의 질을 높이는 데 복무해야 한다. 그리고 이러한 작가의 노력은 궁극적으로 '사람에 대한 끝없는 사랑'의 표현이다. 그는 작가와 작품은 일심동체라고 믿는다. 그는 소설가로서 사명감을 갖는다.

"나는 첫째 체험, 둘째 독서, 셋째 집필로 비중을 둔다. 독서는 내가 사물을 총체적으로 바라볼 수 있는 능력을 준다고 여겨서 아주 광범위하게 의지하는 편이다."라고 그는 말한다.

소설가 황석영은 1943년 만주 신경에서 태어났고, 1962년 「사상계」 신인문학상에 당선했고, 1970년 조선일보로 등단했다.

그는 작품을 쓰기 전에 먼저 얘깃거리를 찾는다. 그는 작가가 우선 훌륭한 이야기꾼이 되어야 한다고 말한다.

우선 이야기가 떠올라 생생하게 장면이 그려질 때까지 그 연상들을 끌어 모은다. 그는 현장감을 갖기 위해서 실제로 기간을 잡아 그럴듯한 장소와 인물들에 접해 보기도 한다. 작가는 언제나 자기가 다루려는 현실의 한복판에 있는 자라야 한다고 믿기 때문이다.

그는 소설을 쓸 때 객관성과 구체성을 가장 중요하게 생각한다. 이른바 『카메라의 눈』이라는 서술기법인데, '그리움'이란 단어를 그대로 쓰기보다는 그러한 상황을 장면으로 보여주기를 원한다. 역, 철길, 기차, 접혀진 우산, 비 그리고 처마 끝에 서 있는 사람 등등으로 그 소설의 전체적인 구성에 걸맞는 이미지들을 주워 모아서 그림을 그리듯 써 내려가는 것이다.

시인 김용택은 섬진강 강가를 따라 걸으며 시심을 키웠다. 계절의 변화는 늘 그에게 새로움과 감동을 주었다. 강 길을 걸어가다가 메모를 하거나 한 편의 시상을 종이에 적어두었다. 그러다가 시상이 구체화될 때 두세 편씩 쓰곤 했다. 대개 밤에 쓰거나 사람이 집에 없을 때 썼다. 그는 "시가 절망스럽고 고통스럽고 배고픈 데서 태어난다."고 말한다. 그는 그가 경험하는 이야기를 가감 없이 정직하게 표현한다.

그렇다면 우리는 왜 문학작품을 읽어야 할까?

첫째, 좋은 문학은 문화적 '보물'이기 때문이다.

우리는 좋은 것을 기뻐하는 법을 배워야 한다. 우리가 탁월한 것과 평범한 것 모두를 완전히 깨달아 알 수 있으려면 경험과 지식이 필요하다.

둘째, 문학은 삶의 넓이와 깊이를 더해주기 때문이다.

문학 독서는 마음의 상상력을 키운다. 문학 독서는 사람들과 공감하는 정신적 훈련이 된다. 문학 독서는 대리 경험을 제공한다. 대리 경험은 실제 경험보다 더 즐거울 수 있다. 예를 들면 소설을 읽으면서 우리는 모험이나 위험한 일을 안전하게 경험한다. 폭넓은 경험은 우리 인격에 넓이와 깊이를 더해 줄 수 있으며, 바로 이것이 문학 독서가 우리의 삶을 풍요롭게 해 줄 수 있는 이유이다.

셋째, 세계와 동료 인간을 이해하는 중요한 길이기 때문이다.

우리가 우리의 세계와 동료 인간에 대한 이해를 깊게 할 수 있는 가장 중요한 방법 중의 하나는 과거로부터 전해 내려온 책들을 정독하는 것이다. "문학 작품을 읽으면서 우리는 우리 자신을 본다"(리런드 라이켄).

문학의 장르 중에는 '청소년 문학'이 있다. 예를 들면 다음과 같은 작품들이 있다. 신여랑의 『이토록 뜨거운 파랑』(만화 동아리를 하는 사춘기 아이들 이야기), 배유안의 『스프링벅』(놓칠 수 없는 꿈을 향해 고군분투하는 청소년들의 성장기), 이옥수의 『푸른 사다리』(도시 빈민으로 살아가는 청소년의 이야기, 제2회 사계절문학상 수상작), 구병모의 『위저드 베이커리』(선택을 통해 자신의 삶에 뛰어드는 정신적 성장소설, 제2회 창비청

소년문학상 수상작), 신여량의 『몽구스 크루』(비보이들의 성장소설, 제4

회 사계절문학상 수상작), 양호문의 『꼴찌들이 떴다!』(성적에 기죽지 않고

살아가는 청소년 이야기, 제2회 블루픽션상 수상작).

　독서력이 어느 정도 준비된 학생은 '민음사 세계문학전집' 같은 명작

들에도 도전해 볼 수 있을 것이다. 문학 서적을 읽는 것은 우리가 우리

자신과 타인, 문화와 역사에 대한 인식을 증가시키고, 우리의 통찰력

을 확장시킨다. 그러므로 시, 소설, 희곡, 수필 등 문학의 다양한 장르

를 가까이하자.

03

책이라는 타임머신을 타고
과거로 여행을!

『로마제국쇠망사』를 쓴 영국의 역사가 기번은 "역사는 인류의 범죄와 어리석음과 재난의 기록일 뿐"이라고 다소 비관적으로 역사를 평가했다. 철학자 볼테르도 "세계적인 대사건의 역사는 단지 범죄의 역사에 불과하다"고 했다. 전기작가 슈테판 츠바이크는 "역사란 언제나 패배자에게 등을 돌리고 승자가 옳다고 하는 것임을 잊어서는 안 된다."고 말하기도 했다.

역사는 과거의 사실(事實)에 관한 학문이다. 역사를 기록하는 일은 인류의 이야기를 들려주는 것이다. 사람이 기억을 상실하면 큰 어려움이 생기듯이, 역사에 대한 기억이 없는 사회는 어려움에 직면하게 된다.

『역사란 무엇인가?』로 유명한 카(E. H. Carr)에 따르면, 역사란 결국 역사가와 사실 사이의 부단한 상호작용의 과정이며, 현재와 과거 사이의 끊임없는 대화이다(History is a continuing dialogue between the past and the present). 사실 우리는 오직 과거를 의식함으로써 현재를 이해할 수 있다.

역사란 낱말에는 많은 뜻이 함축되어 있다. 일반적 의미에서 역사란 인류사회의 과거에 있어서의 변천흥망(變遷興亡)의 기록이다. 흔히 역사는 객관적 의미와 주관적 의미를 갖는다고 일컬어진다. 객관적 의미의 역사란 '역사적 사건 그 자체'를 가리킨다. 즉, '역사적 사건의 과정', '과거에 일어난 모든 일'(all happened in the past)이란 뜻으로 사용될 때, 역사는 객관적 의미로 쓰이고 있다. 일상 대화에서 사용되는 '역사'라는 말은 대부분 객관적 의미의 역사다.

주관적 역사에는 탐구(探求)의 의미가 있다. 본래 라틴어 히스토리아(historia)는 탐구나 탐구와 연구의 결과로 얻어진 역사지식을 의미하였다. 이것은 단편적 지식이나 정보가 아니라 사실과 사실 간의 연관성을 해명한 지식이다.

그럼 동양에서는 역사란 무엇을 의미하는가? 중국에서는 명말(明末)에 이르러서야 '역사'(歷史)란 말을 썼고, 그 이전에는 단지 사(史)란 말밖에 쓰지 않았다. 학자들은 사(史)라는 단어가 손 수(手)자와 가운데 중(中)자의 합성어라고 한다. 여기서 중(中)은 바를 정(正)을 뜻하므로, 사(史)는 곧 '바르게 쓴다'라는 뜻이다.

우리가 알아야 할 것은 '객관적 역사'를 기록하는 것은 사실상 불가능하다는 점이다. 왜냐하면 역사 기록은 과거의 사실에 대한 해석을 담고 있기 때문이다. 그리고 모든 역사가는 각자의 역사관을 갖고 있다. 그 역사관에 따라 역사를 해석하고 기술하는 것이다.

역사를 공정한 입장에서 기록하는 일은 쉽지 않다. 그래서 19세기 미국의 역사가 필립 샤프는 이렇게 말했다.

"무릇 역사란 친구와 대적이 만들어낸 원 사료(史料)를 가지고 진리와 사랑의 정신으로, 분노도 과욕도 없이, 아무에게도 악의를 품지 않고 모든 이에게 선의를 품고, 분명하고 신선하고 살아있는 문체로 기록해야 한다."

그러므로 역사서를 읽을 때 독자는 사실 자체보다도 역사가의 관점이 무엇인지 알아야 한다. 모든 역사 기록은 역사가의 세계관에 의한 해석이기 때문이다. 역사가는 신이 아니다. 그는 그 자신만의 관점과 전망으로부터 역사를 바라본다.

『역사의 언덕』에서 김동길 교수는 다음과 같이 말했다.

"우리가 역사라고 알고 있는 것은 결국 역사가가 잡다한 사실들(facts) 가운데서 중요하다고 생각되는 사실만을 추려서 『역사』라고 단정한 것에 불과하다. 그렇다면 무엇이 중요한 사실이냐 하는 문제는 그 역사를 기록하는 사람의 시대적 환경과 그의 철학, 인생관, 가치관 등등에 좌우될 수밖에 없을 것이다. 어떤 면에서 현재의 영향을 받지 아니 하는 과거는 없다고 할 수 있다."

현재의 60%는 과거요, 40%는 미래라는 말이 있다. 어떤 사람도 역사로부터 자유로울 수는 없다. 역사 연구를 통해서 우리는 과거를 이해할 수 있고 현재의 위치를 알 수 있으며 미래를 전망할 수 있다. 역사는 반복되는 무의미한 순환이 아니다. 기독교의 관점에 따르면 역사는 하나님의 목적의 성취요, 하나님의 목표를 향한 움직임이다.

그럼 역사를 배우면 어떤 점이 좋은가? 무엇보다도 역사적, 문화적 편견을 극복하는 데 도움을 준다. 또한 역사적 사실에 관한 지식 습득만이 아니라 문제를 분석, 평가하는 능력을 키우는데 도움이 된다.

청소년을 위한 역사 입문서는 다양한 편이다. 『살아있는 세계사 교과서』시리즈, 『살아있는 한국사 교과서』 시리즈, 『청소년을 위한 한국 근현대사』, 『아틀라스 세계사』, 『청소년을 위한 역사란 무엇인가』 등이 있다. 『처음 읽는 미국사』, 『처음 읽는 중국사』처럼 국가별 역사를 소개한 책들도 있다.

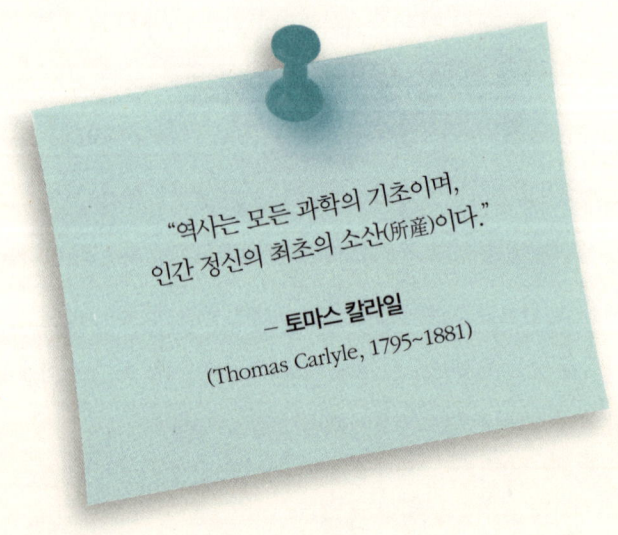

"역사는 모든 과학의 기초이며,
인간 정신의 최초의 소산(所産)이다."

– 토마스 칼라일
(Thomas Carlyle, 1795~1881)

04

얘들아, 우리 철학과 놀자

철학은 이성적인 사고를 통하여 여러 가지 주제에 관해 논하는 학문이다. 철학과 깊은 관계를 가진 학문으로는 신학, 사회학, 심리학, 인류학, 역사, 교육 등이 있다.

우리가 오늘날 사용하는 '철학'이라는 말은 서양 문화사의 초기 고대 그리스에서 처음 등장한 '필로소피아'(philosophia)의 번역어이다. '필로'는 사랑이고, '소피아'는 지혜를 뜻한다. 그래서 철학은 흔히 '지혜 사랑' 또는 '진리에 대한 사랑'이라고 정의된다.

철학이란 무엇인가

철학은 흔히 너무 어렵고 골치 아픈 것이라고 생각하는 사람들이 많다. 반면에 철학은 뭔가 심오한 것, 비범한 것, 그리고 어쩌면 멋진 것이라고 상상하고 호기심을 갖는 사람들도 드물지 않다. 그런데 한 철학자의 사상을 평생 동안 연구해도 완전한 이해란 있을 수 없다고 한다. 그렇다면 이 세상에 어렵지 않은 철학은 하나도 없다.

또한 철학은 어떤 학문보다도 개성이 강하다고 할 수 있다. 철학은 철학자 개인의 기질과 성격에 따라 다른 모습을 띤다. 철학자들은 모두 세계의 가장 깊은 밑바닥까지 파헤쳐서 보편타당한 진리를 발견했다고 믿었지만 그 진리, 즉 자신의 철학 이론에 자신의 개성과 기질이 은밀히 스며들어가 있다는 것을 눈치 채지 못했다.

철학자들은 자신들의 얼굴만큼이나 다양하고 서로 다른 철학적 주장을 펼쳤다. 수학에는 피타고라스의 공리처럼 누구나 인정하는 기본적인 전제가 있다. 그러나 철학에는 만장일치의 전제나 이론이 없다. 철학의 역사는 각기 서로 다른 주장들 간의 각축전이었다고 해도 과언이 아니다. 철학이란 무엇인가에 대해서도 아직까지 일치된 대답이 없다.

진정한 철학자라면 모두가 자명한 것으로 받아들인 천동설이나 노예제도를 비판할 것이며 성차별이나 전쟁 또는 사형제도를 거부할 것이다. 그러나 실제로 그런 철학자는 드물었다. 플라톤도, 아리스토텔레스도 노예제도나 여성 천시를 당연시했다. 전쟁을 뚜렷이 거부한 철학자는 지금까지 러셀(1872~1970) 한 사람뿐이었다.

철학을 한다는 것은 단순히 생각한다는 것이 아니라 깊이 생각한다는 것, 또는 우리의 생각에 대해 다시 생각해보는 것이다. 필자가 대학교 신입생 시절, 철학 수업 시간에 한 교수님은 철학하는 자세를 '거리를 두고 보는 것'이라고 설명한 적이 있다. 너무 가까이에서 보면 제대로 볼 수 없는 경우가 있다는 것이다. 일리 있는 말이다.

오늘날 철학은 다른 인문학과 함께 변경으로 밀려나는 느낌을 받기도 한다. 다른 생산적 학문에 비해 쓸모가 없는 것처럼 보이기 때문일까. 사실 이런 편견은 고대에도 있었다.

B.C. 423년경 희극 작가 아리스토파네스가 『구름』이라는 작품 속에서 소크라테스를 빈정거린 후 오늘에 이르기까지 철학자들은 가끔 관념의 유희나 일삼고 구름 잡는 이야기나 하는 비현실적이고 쓸모없는 무리들로 비난을 받아 왔다. 이에 대해서는 철학에 대한 현실의 몰이해나 무관심의 탓도 있기는 하겠지만 현실에 대한 철학의 무관심 내지 무책임이 더 크다고 할 수 있을 것이다.

하지만 반가운 소식도 있다. 미국의 여러 병원에서는 생과 사의 결단 문제에 있어서 철학자들을 자문위원으로 고용하고 있다는 것이다. 철학자들이 각 주(州)의 입법 과정이나 사법 과정의 고문으로 채용되고 있으며 원자핵 문제나 심지어 유전공학의 문제에 이르기까지 조언을 요청받는다고 한다.

윤리학, 특히 그 중에서도 생명과 의료 문제에 적용된 응용윤리학으로서의 생의 윤리학은 특히 미국 등지에서 하나의 거대한 철학적 사업으로 성장하고 있다. 이런 학문 분야들은 현실 사회와 여러 지점에서 관계를 맺고 있으며 대학을 위시해서 각종 기업체와 연계되고 있다.

학술잡지라든가 각 대학의 연구소 등에서도 철학은 그 힘을 발휘하고 있다.

수년 전부터 국내에서도 일반인을 위한 인문학 강좌들이 생겨나고 있다. 인문학이나 인문고전 관련 서적도 적지 않게 출간되었다. 신제품 개발을 하는 연구원을 대상으로 인문학을 강의하기도 한다. 이런 현상이 나타나는 이유는 인문학적 바탕에서 창의력과 상상력 또는 혁신이 가능하다고 보기 때문이다.

첼리스트 장한나는 음악의 깊이를 더하는 데 철학이 도움이 될 것이라는 판단에서 하버드 대학에서 철학을 전공한 적이 있다. 장한나는 하버드대 철학 전공이 '어려운 취미 생활'이라고 말했다. 한 인터뷰에서 진행자가 장한나에게 "어떤 철학을 공부 중인가?"라고 묻자 그는 "나는 '짬뽕철학'을 하고 있다. 철학, 심리학, 행동과학 등을 같이 공부하고 있어 '짬뽕철학'이라는 나만의 애칭으로 부른다."고 답한 적이 있다. 음악을 전공하는 장한나에게 철학은 무슨 의미가 있었을까? 철학 공부가 삶의 깊이를 이해하는데 도움을 주었다면, 그러한 이해의 폭과 깊이는 음악의 깊이를 더하는 데 분명 이바지했을 것이다.

철학은 분명 쉽지 않은 학문이지만, 철학이 던지는 질문들은 우리의 삶과 무관하지 않다. 철학은 생명윤리, 환경문제까지 다루기 때문이다. 무엇보다도 가치와 윤리를 다루는 학문이다. 철학이 모든 질문에 답을 제시하기 때문에 중요한 것이 아니라 우리가 놓치고 있는, 또는 놓쳐서는 안 되는 질문들을 상기시켜준다는 점에서 여전히 의미 있는 학문이 아닐까 생각한다.

　수년 전부터 청소년을 위한 재미있고 유익한 철학 입문서들이 여러 권 나왔다. 미하엘 슈미트−살로몬, 레아 살로몬이 함께 쓴『청소년을 위한 철학하는 즐거움』, 우에무라 미츠오의『세상에서 가장 쉬운 철학책』, 서용순의『청소년을 위한 서양철학사』, 탁석산의『자기만의 철학』, 강영계의『청소년을 위한 철학 에세이』, 윤구병의『꼭 같은 것보다 다 다른 것이 더 좋아』등을 쉽게 찾아 볼 수 있다.

05

낡은 것이 아냐,
오래될수록 귀한 거라구!

꼭 읽어야 할 책으로 고전(古典)이 꼽히곤 한다. 고전은 대부분 오랜 세월을 버텨온 지혜의 책들이다.

고전은 제일급의 책

국어사전을 보면 고전이란 "옛날의 서적으로 후세에 남을만한 책" 그리고 "대가의 저술, 거장의 작품 등 후인의 모범·전형이 될 만한 것" 이라고 적혀 있다.

영어의 'classic'이란 단어는 라틴어 'classicus'에서 유래한 말이다. 본래 이 라틴어는 로마제국의 시민들을 군대로 편성할 때 그들의 재산을 기준으로 다섯 등급으로 나누고, 그중 가장 높은 계급의 시민들을 호칭하는 용어로 사용되었다. 그 후 이 단어는 제일급의 작가, 가장 훌륭한 작품을 가리키는 말로 뜻이 바뀌었다고 한다.

따라서 그것은 문학작품일 수도 있고, 사상이나 철학에 관한 서적일 수도 있고, 자연과학이나 사회과학의 저술일 수도 있다. 경우에 따라서는 궁중요리의 고전이란 책도 있을 수 있다. 결국 서적의 종류가 많아짐에 따라 각 분야별로 고전도 다양하게 많아진 것이다.

고전과 베스트셀러

고전을 말할 때 우리가 빠지기 쉬운 오류는 한때의 베스트셀러를 곧 고전으로 착각하는 경우이다. 신문지상에 격찬하는 문구와 함께 크게 광고가 되고, 몇 주간씩 계속하여 가장 많은 판매 부수를 자랑하고, 많은 독자들로부터 호평을 받았다는 사실만으로 고전이 된다는 보장은 없다. 그것은 오랜 세월에 걸쳐 독자들의 엄정한 평가를 통과하지 않았기 때문이다.

물론 고전이 반드시 옛날 책이어야 한다고 생각할 필요는 없다. 지난 50년 동안에 나온 책 가운데서도 얼마든지 불후의 고전적 가치를 지닌 서적이 있기 때문이다. 인간 정신을 풍요롭게 하는 보편적인 문제를 다룬 양서라면 고전으로 불릴 수 있을 것이다.

대개의 경우 문화와 독서의 수준이 높은 사회의 경우에는 베스트셀러들은 '읽어서 좋은 책'들이다. 만일 우리 주변에서도 일시에 많이 팔리기보다는 꾸준히 높은 부수가 팔리는 책이라면 읽어서 좋은 책이다. 그렇다고 해서 그 책이 고전의 위치에까지 올라갈 수 있다고 생각해서는 안 된다. 적어도 고전에 해당되는 책은 1세기쯤의 생명력은 유지해야 하는 까닭이다.

이러한 고전적 의미를 지닌 책 이외에는 각자가 자신의 정신적 성장을 위하여, 지성적 활동과 기여를 위해 스스로 선정해 나감이 좋을 것이다. 그러나 지나치게 정보 위주의 독서는 삼가는 편이 좋을 것이다. 그것은 정신의 양식을 섭취하는 독서라기보다는 실용적 지식에 치중되는 경향이 짙기 때문이다.

기독교고전 중에는 아우구스티누스의 『고백록』, 토마스 아켐피스의 『그리스도를 본받아』, 파스칼의 『팡세』, 존 버니언의 『천로역정』, 존 밀턴의 『실낙원』 같은 불후의 명작들이 있다.

파스칼(Blaise Pascal, 1623~1662)의 『팡세』는 성경 다음으로 사랑을 받은 기독교고전 가운데 하나다. 이탈리아에 단테가 있고, 영국에는 셰익스피어가 있다면, 프랑스에는 파스칼이 있다는 말이 있다. 프랑스의 천재적 사상가 파스칼은 수학자, 철학자, 물리학자, 발명가, 저술가인 동시에 평신도 신학자였다.

파스칼은 단 몇 년 동안에 수많은 사람의 몫을 해낸 희귀한 천재 무리에 속한다. 수학자요, 물리학자이며, 철학자이자, 신학자이자, 문학가였던 그는 불과 20년이라는 짧은 기간에 이 모든 분야에서 명성을 얻었다. 파스칼은 진지하게 탐구하고, 성실하게 사색하고, 경건하게 살았다. 그의 사상과 생애를 일관하는 것은 성실한 탐구의 정신이다.

1654년 11월 23일 밤, 파스칼은 신비한 경험을 하였다. 그것은 강력한 영적 체험이었다. 그는 체험한 내용을 양피지에 기록한 후, 그의 겉옷에 꿰매어 깊이 간직해 놓았다. 파스칼이 죽은 뒤 비로소 이 메모가 발견되었고, 현재 프랑스 국립도서관에 보관되어 있다.

그 기록의 상단에는 빛으로 둘러싸인 십자가가 그려져 있고, 그 아래 글에는 "예수 그리스도, 나는 당신을 저버리고 피하고 부인하고 십자가에 못 박았습니다. 이제 나는 절대로 당신에게서 떠나지 않겠습니다!"라는 등 신앙의 기쁨과 다짐이 표현되어 있다.

파스칼은 기독교를 변증하기 위한 저작을 준비하고 있었다. 그러나 그 작품은 출간되지 못했고, 그는 저술을 위한 많은 메모를 남겼다. 그가 죽은 뒤 가족과 친지들은 그가 저술을 위해 남겼던 메모들을 모아 번호를 붙여 보관했다가 그 메모들을 문제 중심으로 배열하여 하나의 단행본으로 만들었는데, 그 책이 바로 『팡세』다.

"나는 오직 신음하면서 추구하는 자만을 인정한다."

이것은 파스칼의 사상과 생애를 일관하는 근본 태도였다. 그는 신음하면서 진리를 추구한 사상가다. 독자의 수로 본다면, 『팡세』의 영향력은 아우구스티누스의 『고백록』을 능가한다고 해도 과언이 아닐 것이다.

『천로역정』은 존 버니언 자신의 영적 생활에 기초를 둔 풍유적 이야기이다. 이 우화 소설은 이렇게 시작하고 있다.

"이 세상에서 황무지를 걷던 나는 어떤 동굴에 들어가 불을 밝힌 후 잠을 자려고 몸을 뉘었다. 그러고는 꿈을 꾸게 되었다. 꿈에 한 남자가 누더기를 걸치고 어떤 곳에 서 있는 모습이 보였다. 집을 나온 듯한 몰골에 손에는 책을 들고 등에는 무거운 짐을 지고 있었다. 그는 책을 펼쳐서 그 안의 글을 읽었다. 책을 읽던 그는 흐느껴 울며 몸서리쳤다. 그러다 더는 참을 수 없었던지 통곡을 하며 이렇게 말했다. '이제 어찌해야 하나?'"

무엇보다도 『천로역정』의 뛰어난 점은 상상력이다. 책을 일단 손에 든 독자는 누구나 그 재미에 끌려 끝까지 읽게 된다. 독자의 호기심은 끊임없이 자극되고 고조된다. 이는 이 책의 강한 장점이 다양한 모험과 사건의 전개에 있기 때문이다.

특히 『천로역정』은 한국교회 초기에 게일 선교사가 우리나라 최초로 번역 소개한 서양 소설이다. 이 우화 소설에는 유머와 슬픔, 실패와 절망도 있지만, 결국은 바른 신앙의 길을 걷는 신자들을 위한 따뜻한 격려가 주된 메시지를 이루고 있다.

존 밀턴(John Milton, 1608~1674년)의 『실낙원』도 뛰어난 기독교고전이다. 밀턴은 셰익스피어에 버금가는 대시인이다. 『실낙원』(Paradise Lost)은 구약성서 창세기 3장에 기록되어 있는 인간의 타락에 관한 기독교의 메시지를 다룬다. 타락한 천사인 사탄에 의한 아담과 하와의 유혹과 에덴동산에서 그들이 추방된 사건을 다루고 있다.

인간이 태초에 하나님을 거역하고

금단의 나무 열매 맛보아 그 치명적인 맛 때문에

죽음과 온갖 재앙이 세상에 들어와

에덴을 잃었더니, 한층 위대한 한 분이

우리를 구원하여 낙원을 회복하게 되었나니,

노래하라 이것을, 천상의 뮤즈여.

오렙의 또는 시나이의 호젓한 산정(山頂)에서,

저 목자에게 영감(靈感) 주어 혼돈에서 태초에 천지가

어떻게 솟아났는가를 처음 선민(選民)에게

가르치게 하신 그대, 혹시 시온의 산과

신전(神殿) 가까이 흐르는 실로아의 시냇가

더욱 즐거우시거든, 게서 내 청하노니

나의 모험스런 노래를 도우시라.

　　　　　　　－『실낙원』 제1편 중에서

　『실낙원』은 사탄의 세력을 격멸하는 신의 섭리의 정당성을 찬양하고, 원죄로부터 구원으로 나아가는 인간 고뇌의 역정을 장엄한 필치로 노래한 청교도 문학의 최고 걸작이라고 말할 수 있다.

　고전은 "뛰어난 가치를 지니고 그 분야에서 오랜 세월에 걸쳐서 지속적으로 읽히는 제일급의 책"이다. 우리는 고전을 통해 삶의 지평을 넓힐 수 있고, 최고의 사상가와 작가로부터 지혜와 통찰을 얻을 수 있다.

미래가 궁금해?
그럼 '미래학'에 관한 책을 읽어봐

10년 후 변화된 우리나라의 미래를 생각해본 적이 있는가? 한 연구에 의하면 10년 후의 미래를 위해 한국이 주시해야 할 5대 트렌드는 다음과 같다. 가장 노인인구 비중이 많은 노후국가, 에너지 과다 사용의 국가, 아시아의 국내총생산 규모가 미국과 EU를 추월할 아시아 패권시대, 금융의 영향력 확대, 그리고 21세기 혁신기술의 시대.

비교적 역사가 짧은 학문인 미래학(未來學)은 말 그대로 미래에 일어날 일들을 연구하는 학문이다. 세계미래학회(The World Future Society)의 정의에 따르면 "인간생활과 세계에 있어서의 가능한 변동들을 찾아내고, 분석하고, 평가하려는 활동의 한 분야"이다.

1933년 조지 오웰은 그의 작품 『1984』에서 학자들이 미래를 연구할 것을 제안했다. 1960년 이후에는 생태학적 위기, 군비경쟁, 문화 위기,

사회해체현상 등으로 인해 불안이 고조되면서 사회과학으로서의 '미래학'에 대한 관심이 급증하였다. 이제는 미래학이 자연과학과 예술까지 포함하는 광범위한 간학문적, 통합적 학문으로 발전하였다.

미래학의 목적은 현실을 정확하게 이해하는 데 있다. 그리고 미래의 예측은 예기치 않은 돌발 사태에 대처할 수 있는 지식을 얻는데 있다. 미래학은 이상사회 건설을 위한 미래의 대안을 찾고 그 대안이 얼마나 가능성이 있고 바람직한 것인가를 평가하기도 한다. 그런 의미에서 미래학의 목표는 예측의 질을 향상시켜 정확한 예측을 하도록 하는 데 있다.

물론 미래 예측은 그리 쉬운 일이 아니다. 하지만 지나간 과거와 현재에 관한 정확한 이해는 미래를 이해하는 데 필요한 많은 정보와 통찰을 제공한다. 예를 들면 '나노기술'은 생산의 시대에서 창조의 시대로 세상을 변화시킬 것으로 예상된다. 인터넷의 급속한 보급과 관련 매체의 발달은 이제 세계가 접속하는 '인류의 매트릭스'를 현실화시키고 있다. 다가오는 미래는 문화와 꿈을 생산하는 시대, 즉 드림소사이어티라고 말하기도 한다. 미래로 가는 거대한 흐름. 그 '메가트렌드'를 읽어내는 작업이 바로 미래학의 과제가 아닐까.

미래학자들에 의하면 다가오는 미래는 전혀 새로운 문명이 나타나는 시대다. 두 번 이상의 결혼이 보편화하는 사회, 인위적 진화의 신인류 시대, 가상이 눈앞의 현실이 되는 시대가 도래한다는 것이다.

미래학은 의학 분야와 환경 분야에서도 급격한 변화가 있을 것으로 내다본다. 의료 분야에서는 진단과정이 간소화되고 정교화된다. 기존의 난치성 질병을 집중 공략하게 되고, 분자 단위의 선택적 세균 박멸이 가능해진다. 미시적 부분에 대한 정교한 수술도 가능한 시대가 된다. 환경 분야에서는 기존의 이미 배출된 오염물질들을 다른 분자로 변화시켜 청정의 물질로 변화시키는 기술을 개발한다.

『불편한 진실』, 『위기의 지구』 등을 통해 지구 온난화로 인한 재앙에 대해 경고한 바 있는 환경운동가 앨 고어는 『우리의 선택』에서 저탄소 녹색성장의 원동력이 될 신재생 에너지의 경제성과 발전 가능성을 점검하고, 에너지 활용 사례를 사진과 함께 자세히 소개했다.

『우리의 선택』에서 앨 고어는 우리가 위기에 빠진 지구를 구할 수 있다고 보고 있다. "나는 우리의 손 안에 기후 위기를 서너 번 정도 충분히 해결할 수 있는 다양한 도구들이 있다는 것을 알게 되었다. 아직 단한 가지 부족한 것은 전 세계인의 단합된 의지다. 충분히 많은 사람들이 기후 위기가 전 지구적인 비상사태임을 인식하고 스스로를 구하기위해 공동의 노력을 기울여야 한다는 사실을 깨닫는 시점에 아주 가까이 다가와 있다." 그의 주장은 단호하다. 국가적인 그리고 전지구적인 차원에서 패러다임을 바꿔야만 지구온난화의 재앙을 막을 수 있다는 것이다.

『유엔미래보고서』(2008)는 지구촌 정치, 경제, 사회, 문화 변화에 대한 주요 예측과 더불어 기후변화, 물 부족, 인구와 자원, 빈부격차 등 지구촌의 미래를 위협하는 15가지 키워드를 통해 그에 대한 방대한 분석과 전망을 제시하였다.

이 자료에 따르면, 중국의 비약적인 발전은 주목할 만하지만, 중국의 수질오염과 용수 부족, 부적합한 에너지 공급, 분리주의자들의 운동과 심화되고 있는 빈부격차는 미래의 발전과 안정에 심각한 장애가 될 것이다.

아프리카에서의 HIV(에이즈)의 발병과 감염자 수는 점차 줄고 있다. 그러나 여전히 동유럽과 아시아의 감염률은 심각하다.

세계 빈곤은 2000~2015년 절반 이하로 감소하게 될 것이다. 개발도상국가에서 하루에 1달러 미만으로 생활하는 극빈층의 수는 1990~2004년 2억 7,800만 명까지 줄었고, 최근 5년 동안에는 1억 5,000만 명까지 감소했다. 그러나 이러한 모든 낙관에도 불구하고, 아직도 세계 인구의 절반에 달하는 30억 명이 하루에 2달러 미만의 돈으로 생활하고 있다.

『유엔미래보고서』에 따르면 오늘날 7억 명의 사람들이 물 부족에 직면하고 있다. 이는 특별한 변동이 없는 한, 2025년까지 30억 명까지 증가할 수 있다. 이 물 부족을 극복하는 대안으로는 물이 가장 많이 사용되는 농업용수와 동물 사육 분야를 개선하는 것이다. 향후 새로운 농업 분야는 비에 강하고, 산출량이 높은 다양한 유전공학적 작물들을 연구해야 한다. 해안가의 담수 농업도 한 가지 대안이 될 수 있다. 또한 과학적으로 볼 때 동물을 사육하지 않고도 고기를 만드는 것이 가능하므로, 동물 사육을 억제하면서 상업적으로 가능한 동물성

고기를 만들어내야 한다.

세계 인구는 2050년에는 92억 명에 도달할 것이며, 98억 명으로 최정점에 달한 뒤, 2100년에는 55억 명으로 급격히 감소할 것이다. 부유층의 고령화가 빈곤층의 고령화보다 빨리 진행되고 있다.

과학 분야에서는 DNA합성과 로봇 기술, 그리고 뇌-컴퓨터의 가상현실 등이 주목된다. 과학자들의 협력과 나노기술, 생명공학, 정보기술, 인지공학 간의 미래 시너지 효과는 근본적으로 인류 문명의 장래를 변화시킬 것이다.

에너지와 관련된 큰 기술적인 변화가 없다면 화석연료는 2030년까지 1차 에너지 수요의 81%를 제공할 것이다. 화석 에너지는 여전히 중요하다. 핵폐기물에 대한 혁신적인 해결이 없는 한, 원자력 발전소의 증가는 핵 공포를 불러오며, 환경 재해를 야기할 가능성이 크다. 대체에너지원에 막대한 투자가 필요하다.

이 보고서에 따르면, 여전히 많은 국가에서 여성은 제2급 시민으로 대접받고 있다. 여성은 세계 인력의 40%를 차지하지만 전 세계 소득의 25%만을 벌어들이고 있다.

레스터 브라운은 『우리는 미래를 훔쳐 쓰고 있다』에서 전 지구적 환경 위기를 경고하였다(그는 「워싱턴 포스트」지의 '세계에서 가장 영향력 있는 학자'로 선정된 바 있다).

세계적인 석학이자 40여 년간 기후변화 문제의 최전선에서 활동 중인 환경운동가 레스터 브라운. 그는 이 책에서 인류에게 닥친 환경 위기를 정확하게 진단하고, 전 지구적 차원에서 어떻게 이해하고 행동해야 하는가에 대한 답을 제시하였다.

살인적인 한파와 폭염, 가축의 역병과 식량 위기, 그리고 전 세계를 뒤덮는 기후 재앙. 저자는 이 모든 것이 '우리가 미래를 훔쳐 쓴 대가'라고 말한다.

그는 이 책에서 인류에게 닥친 환경 위기를 정확하게 진단하고, 전 지구적 차원에서 무엇을 해야 하는가에 대한 답을 제시한다. 기후변화는 단순히 과학 이슈가 아니라 세계 경제, 세계 안보와 직결되는 정치, 사회, 문화의 문제라고 경고한다. 가장 취약한 경제 부문인 식량 위기 또한 인구 증가, 낮아지는 지하수면, 점점 뜨거워지는 지구 온도, 녹아가는 빙하, 곡물로 자동차 연료를 생산하는 것 등의 요인이 얽혀 있음을 밝힌다.

그의 연구에 따르면 저녁 식탁에 앉는 사람이 매년 7,900만 명 늘고 있고, 이들 중 다수가 환경 위기에 처한 나라에서 태어나고 있다. 인구가 늘면 다양한 동식물이 지구에서 밀려나게 된다. 지구 온난화로 산악 빙하가 녹고 있다. 히말라야와 티베트 고원의 빙하가 녹아내려 인구 대국인 중국과 인도의 농업이 위협받고 있다. 중국 북부와 서부에 있는 약 2만 4,000개의 마을이 모래에 덮여 환경난민을 초래했다. 사하라 사막은 남쪽으로 나이지리아, 북쪽으로 알제리와 모로코의 경작지를 삼키고 있다.

레스터 브라운은 환경 위기의 대안으로 '플랜 B'를 외친다. 즉 지구를 파산 위기로 몰고 온 현재까지의 추세를 플랜 A라고 한다면, 파산하는 지구를 구하는 생태경제학이 플랜 B이다. 플랜 B는 대기 중 이산화탄소 농도의 상승을 막고, 세계 식량 안전을 되돌려놓으며, 파탄국가의 숫자를 줄이는 긴급한 과제로 이루어져 있다.

그 전략으로 1) 에너지 효율 혁명과 재생에너지원을 통한 기후 안정화, 2) 생태 도시 계획, 3) 빈곤 퇴치와 인구 안정, 4) 지구 자원 보호를 들고 있다. 그는 이미 이를 실천하여 변화를 이룬 세계 곳곳의 방대한 사례들을 예로 들면서 플랜 B가 실현 가능한 대안임을 증명한다.

이 책에서 레스터 브라운이 외치는 한마디는 이것이다.

"21세기의 가장 큰 과제는 기후변화이다."

미래학을 읽는다는 것은 내일을 전망하는 일이다. 그 어느 때보다도 불안이 가중되는 21세기에 미래학은 이전보다 더 중요한 학문으로 부각되었다. 그러므로 미래학 관련도서들은 반드시 손 가까이 두어야할 책들 가운데 포함되어야 한다.

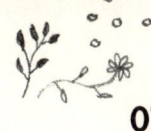

07

성경을 묵상하라

　"책을 읽는 사람은 결코 외로움에 빠지지 않는다. 책 안에 나오는 사람들이 현실의 사람처럼 느껴지고, 또한 거기에 쓰인 사상이 자신의 마음을 끊임없이 활동시켜 주기 때문이다.

　책을 읽는 사람은 결코 싫증을 느끼지 않는다. 책에서 즐거움을 발견하는 사람은 언제나 손에 넣을 수 있는 즐거움을 가지고 있는 셈이다. 책을 읽지 않는 사람은 여가 시간을 뜻있게 쓸 수 없게 된다.

　책을 읽는 사람은 절대로 무식하게 되지 않는다. 그는 자기보다도 훨씬 위대한 사람들과 끊임없이 사귀고 있다. 책을 가지지 않는 전도자는 목수 연장을 가지지 않은 목수와 같은 사람이다. 책 읽기를 그만 둔 전도자는 마침내 전도의 이름에 합당한 전도는 못 하게 되고 말 것이다. 과거 및 현대의 위대한 인물들이 남긴 것을 읽지 않더라도 별로 아픔을 느끼지 않는다고 하는 사람은 상당히 배짱이 있는 사람이다.

책을 읽는 사람은 좁은 세상에 사는 경우가 없다. 그는 책을 통하여 과거의 어떤 시대에서도 살 수가 있으며, 어떠한 사회 어떠한 나라에도 자유롭게 들어 갈 수가 있으며, 또한 어떠한 사상에 대해서도 동조하기도 하고, 대결하기도 할 수가 있는 것이다.

독서는 사람을 지방 근성이라든가 편협함에서 구출해 주며, 우물가의 쑥덕공론 같은 지방적 정치에 매어 달려서 세계 전체의 문제를 잊지 않도록 만들어 준다. 책을 읽는다는 것은 지평선을 넓히고 마음의 곳간을 채워주는 일임에 틀림이 없다.

그리스도인은 모든 책 가운데서 가장 소중한 책, 곧 성경을 읽지 않으면 안 된다. 성경은 한 평생 연구해도 그 내용을 다 길어 올릴 수는 없다. 굳은 결의와 쉬지 않는 노력을 기울여 연구하면 연구할수록 성경은 더욱 많은 보답을 제공해 준다." - 윌리엄 바클레이(William Barclay)

성경은 평범한 책이 아니다

가장 존경받는 그리스도인 중 한 사람인 빌리 그레이엄(Billy Graham)은 성경을 가리켜, "세상의 모든 해답은 이 작은 책 속에 들어 있다."라고 말했다.

빌리 그레이엄은 윈스톤 처칠 경(Sir Winston Churchill, 1874~1965)을 만난 적이 있다. 처칠은 빌리에게 "젊은이, 당신은 이 세상에 대해 희망을 가지고 있소?"라고 물었다. 빌리는 신약성경이 든 주머니에 손을 넣더니 다음과 같이 대답했다. "제가 몇 구절 읽어 드릴까요, 수상님? 이 책은 희망으로 가득 차 있습니다." 반시간 동안 빌리는 처칠에게 적합한 구절들을 읽어주었다. 그가 읽기를 마치자 처칠은 다음과 같이 말했다. "고맙소. 당신은 늙은 사람에게 미래에 대한 새로운 믿음을 불어넣어 주었구려."

폴 리틀은 『이래서 믿는다』에서 성경 읽기의 효과에 관해 이렇게 말했다.

> "성경을 읽으면 생각이 밝아지고, 마음에 감동을 받으며, 성경의
> 메시지를 확실하게 깨달을 수 있다. 우리는 그 말씀을 먹으며, 저자
> 이신 하나님의 임재 속으로 들어간다."

성경 암송의 중요성

『조용한 혁명을 일으키는 성경 암송』의 저자 강준민 목사는 성경 암송의 중요성을 강조한다. 그에 의하면 성경을 암송하는 첫 번째 목적은 하나님을 아는 것이다. 성경의 가장 큰 맥은 하나님을 아는 것이다 (요 17:3). 하나님을 아는 것이 성경의 가장 큰 주제요 성경의 핵심이라는 것이다. 또 다른 목적은 예수님을 닮은 성숙한 하나님의 사람이 되는 것이다. 내면의 성품을 변화시키기 위해서는 생각을 변화시키고,

마음을 변화시키는 성경 암송 훈련이 아주 중요하다. 암송 훈련이 중요한 것은 말씀을 마음에 새기는 훈련이기 때문이다. 성경 암송을 통해 말씀을 마음에 새길 때 마음으로부터 놀라운 변화가 일어난다는 것이다.

네비게이토 선교회의 창시자 도슨 트로트맨(Dawson Trotman)은 성경 암송을 통해서 예수님께로 돌아온 이후로 자신의 영혼을 양육하기 위해 하나님의 말씀을 암송했다. 그리스도인이 된 후 첫 3년 동안 하루에 한 구절씩을 외웠다. 때로는 제재소에서 트럭을 운전하면서 그가 암송한 1000구절을 외우기도 했다고 한다.

성경 묵상은 이렇게

성경 묵상은 하나님을 알아가는 시작이다. 묵상을 통해 성경 말씀이 주는 지혜의 유익을 얻을 수 있다. 그리고 묵상을 통해 다른 사람을 유익하게 할 수 있고 열매 맺는 삶을 살 수 있다.

무엇을 마음에 쌓느냐에 따라 그 입에서 나오는 것이 달라진다. 마음이 바뀌면 생각이 바뀌고 생각이 바뀌면 언어가 바뀌고 언어가 바뀌면 행동이 바뀐다. 행동이 바뀌면 습관이 바뀌고 습관이 바뀌면 인격이 바뀐다. 성경 말씀이 우리의 삶을 변화시키기 위해서는 묵상의 과정을 거쳐야 한다. 영적 건강을 유지하는 비결 가운데 하나는 말씀 묵상 훈련이다.

청교도 작가 토마스 왓슨은 "성경을 읽어라. 읽되 하나의 역사서로

만 보지 말고, 하나님이 당신에게 보내신 사랑의 편지로서도 보아라."
라고 성경 읽기를 강조했다. 예수 그리스도를 믿고 따르는 사람이라
면 영혼의 양식인 성경을 규칙적으로 읽고 암송하고 묵상해야 한다.

3부

무엇을
어떻게 읽을까?
책 읽기 노하우
대 방출!

01

먼저
내 독서 수준을 평가하라

고등학교 1, 2학년 중 상위 10% 학생들의 특징을 조사한 한국교육개발원의 보고서에 따르면 공부 잘하는 아이들에게는 5가지 특징이 있다.

1. 어려서부터 독서를 좋아했다.
2. 공부는 스스로 자기 주도적으로 한다.
3. 학원보다는 도서관이나 집에서 혼자 조용히 공부하는 것이 좋다.
4. 공부하는 것이 매우 즐겁다.
5. 문학작품 읽기와 신문 읽기를 즐긴다.

독서는 학습의 기초다. 어렸을 때부터 좋은 독서 습관을 갖고 공부한 사람은 '자기주도학습'을 잘 할 수 있다. 훌륭한 독서가들은 '자기주도학습'을 통해 계속 성장해간다.

독서 수준을 평가해보자

책을 잘 읽기 위해서는 자기의 독서 수준부터 알아야 한다. 스스로 다음과 같은 질문을 해볼 수 있다.

독서를 즐거움의 원천으로 삼는가?

독서를 지식을 얻기 위한 도구로 생각하는가?

독서가 자신의 문제 해결에 도움이 된다고 믿는가?

어휘력에 어려움이 없이 책을 읽는가?

통찰력을 얻는 수단으로 독서를 중요하게 생각하는가?

진로를 탐색하는 방법으로서 독서를 중요하게 생각하는가?

우선 이러한 질문을 통해 독서 수준을 점검하는 것이 필요하다. 부족한 점을 발견하고 그것을 보완하기 위한 독서 전략을 세워야 하기 때문이다. 또한 독서 습관의 개선을 위해 구체적인 계획도 세워야 한다.

독서 습관을 점검하라

아래의 문항은 독서 습관을 점검하기 위한 것이다. 각 항목에 O X 표시를 하고 애매한 항목에는 삼각형 표시를 한다. 삼각형 표시 두 개는 O표 하나로 계산한다.

1) 좋은 책은 두 번 이상 읽는다.

2) 위인들이 읽고 감동받았던 책을 구하여 읽는다.

3) 독서를 통하여 인격의 성숙을 도모할 수 있다고 생각한다.

4) 선물을 할 때 자주 책으로 준비한다.

5) 어디를 가든지 책을 가지고 다닌다.

6) 책을 읽을 때 저자의 생각을 파악하고 분석한다.

7) 문제가 생겼을 때 책의 도움을 받은 적이 있다.

8) 책에서 발견한 정보를 체계적으로 관리한다.

9) 좋은 책을 발견하면 반드시 구입한다.

10) 한 달에 한 번 이상 지역 도서관을 간다.

11) 한 달에 한 번 이상 서점의 신간코너를 살펴본다.

12) 직장 선배나 학교 친구로부터 책을 소개받는다.

13) 주위 사람들에게 좋은 책을 소개한다.

14) 가족과의 대화에서 종종 책을 소재로 이야기한다.

15) 한 달의 휴가기간이 주어진다면 독서를 위해 투자하겠다.

16) 책을 사랑하는 사람을 만나면 반갑다.

17) 독서 지도나 독서 학습을 위한 교육을 받고 싶다.

18) 매월 4권 이상의 책을 읽는다.

19) 편독을 하지 않고 다방면의 책을 읽는다.

20) 독서 기술이 필요하다고 생각한다.

21) 헌책방을 세 곳 이상 알고 있다.

22) 일간지의 도서 정보를 자세히 본다.

23) 책을 읽고 나서 자료 정리를 하거나 독후감을 쓴다.

24) 독서 감상문을 써서 상을 받은 적이 있다.

25) 지도자는 독서가라고 생각한다.

점수가 20개 이상이면 독서 습관이 매우 뛰어난 사람이다.

점수가 15~19개면 독서 습관이 양호하고 자기성장에 관심이 많은 사람이다.

점수가 10~14개면 독서 습관이 보통 수준이다. 따라서 독서 계획을 세우고 시간 관리를 해야 한다. ·

점수가 9개 이하면 독서 습관을 개선하고, 선생님이나 독서지도 전문가의 도움을 받는 것이 필요하다.

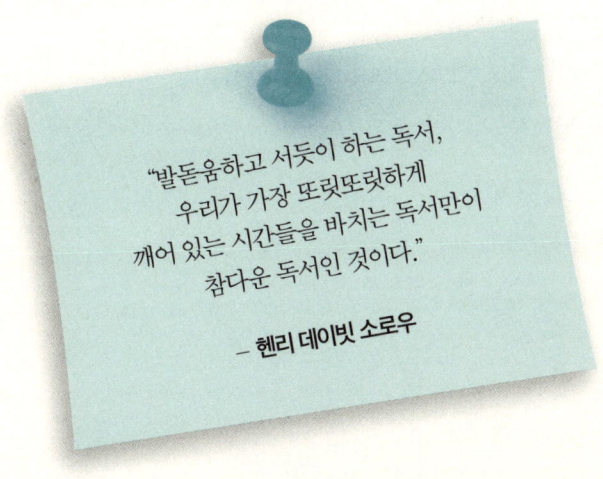

"발돋움하고 서듯이 하는 독서,
우리가 가장 또릿또릿하게
깨어 있는 시간들을 바치는 독서만이
참다운 독서인 것이다."

― 헨리 데이빗 소로우

02

독서 계획을 세우라

토머스 칼라일(Thomas Carlyle)은 "오늘의 참다운 대학은 도서관이다."라고 말했다. 도서관은 대학의 심장이라고 말하기도 한다. 큰 도서관은 인류의 일기장과 같다. 이것은 인류 역사에서 책이 얼마나 중요한지를 보여준다.

그 많은 책 중에서 일생동안 읽을 수 있는 책은 얼마나 될까? 매주 1권씩 60년을 읽으면 약 3천권을 읽을 수 있다. 교양인으로 살고자 한다면 이 정도는 읽어야 한다. 지도자가 되고자 한다면 매주 2권씩 1년에 100권 이상을 읽어야 할 것이다.

따라서 독서 계획의 첫 단계는 시간 관리이다. 독서는 사실 시간과의 싸움이기 때문이다.

독서를 위한 시간 관리

지금은 시(時)테크 시대이다. 시간 관리는 자기관리의 핵심 부분이다. 독서를 하기 위한 시간 관리는 지도자의 우선과제이다. 시간 관리는 사실상 '우리 자신'을 관리하는 일이다.

독서를 위해 시간 관리를 하려면 긴급성과 중요성의 차이를 알아야한다. 긴급한 일이 모두 중요한 일은 아니다. 삶의 목표와 원칙에 비추어 매일 우선순위를 세우라. 따라서 독서를 위한 시간 관리 원칙도 세워야 한다. 목표가 분명하지 않으면 구체적 실천이 따라올 수 없다.

훌륭한 독서인이 되려면 부지런해야 한다. 게으른 사람은 지도자가될 수 없다. 15분 일찍 일어나서 몇 쪽이라도 읽으라. 매일 한 권 이상의 책을 읽는 사람도 있다. 매일 아침 90분을 독서시간으로 갖는 사람이 있다. 새벽에 일어나 책 한 권을 읽고 출근하는 기업인도 있다. 내일부터 15분 일찍 일어나자. 시계의 알람을 맞추어 놓은 후, 머리맡에 두지 말고 조금 멀리 두어야 한다. 그래야 잠자리에서 일어나서 시계의 알람을 끌 수 있기 때문이다.

시간의 좀도둑을 경계하라!

누가 시간을 낭비하면서 사는가? 우선순위가 없는 사람, 과거나 미래에 대한 쓸데없는 생각에 잠기는 사람, 회의 준비가 부족한 사람, 우편물 처리를 요령 있게 못하는 사람, 스케줄을 잘못 만드는 사람, 책상에 잡동사니를 쌓아놓는 사람, 거절하지 못하는 사람, 잘 잊어버리는 사람, 그리고 너무 많은 계획을 세우는 사람이다.

시간 낭비의 사례는 다음과 같은 것들이 있다. 지식도 영감도 주지 못하는 책을 읽는다. 광고를 처음부터 끝까지 읽는다. 전화를 지나치게 걸며, 오래 건다. 시간과 노력을 하찮은 것에 써 버린다. 마감일을 정하지 않고 계획성 없이 일한다. 무분별하고 과다하게 TV를 시청하거나 게임을 한다.

책을 읽기 위한 시간을 만들라

리디아 로바츠가 쓴 『책을 읽기 위한 시간을 얻는 법』이란 책에 다음과 같은 도움말이 있다.

1) 말을 적게 하라.

2) 가방에 책을 넣고 다녀라.

3) 밤에 당신 베개 밑에 책을 넣어두고 잠이 안 오면 그것을 읽으라.

4) 매일 아침 15분만 일찍 일어나서 책을 읽으라.

5) 부엌에 있을 때나 혹은 전화를 걸 때 지니기 간편한 책을 지녀라.

6) 시간을 잘 지키지 않는 사람과 시간 약속을 했을 경우에는 책을 가지고 가라.

7) 치과병원이나 병원의사나 변호사를 만나러 갈 때는 당신의 책을 가지고 가라. 그 곳에 비치된 낡은 잡지를 왜 읽는가?

8) 교통이 혼잡할 때나 차 수리를 하는 동안 기다리는 시간을 위해

서 당신 차에 아직 읽지 않은 책을 넣어 두라.

9) 여행 다닐 때 꼭 책을 소지하고 가라. 옆에 앉은 사람과 잡담하지 않을 것이다.

10) 당신의 손 안에 있는 책 한 권은 서점에 꽂힌 두 권의 책보다 값 어치가 있다는 사실을 기억하라.

독서에 우선순위를 두고 있다면 구체적인 목표를 갖고 독서 계획을 세워야 한다. 한 달에 몇 권을 읽겠다고 목표를 정해 놓으면 책임감이 뒤따르게 된다. 책 읽는 목적을 분명히 해야 빠르게 성장한다.

독서 계획을 세울 때는 우선 책 읽기의 코드를 자신의 문제에 맞춰라. 시간가는 줄 모르게 책을 읽게 된다. 시작은 자신의 문제에서 출발했을지라도 점차적으로 독서의 지평을 넓혀가라. 그래야 책 읽기의 자기 한계가 극복된다.

독서가 습관화되지 않았다면 자기 수준에 맞는 책을 골라야 한다. 가벼운 실용서라도 꾸준히 읽다보면 읽는 속도도 빨라지고 책을 보는 안목도 점차 향상된다. 전문가만이 살아남는 세상이다. 자기 분야의 책을 섭렵해야 최후의 생존자가 될 수 있다.

"무능한 사람이 되려면 TV를 켜라. 유능한 사람이 되려면 책장을 펼쳐라."라는 말이 있다. 사람들이 무료하게 낭비하는 시간이 평생 동안 10년이라고 한다. 독서 목표가 있는 사람에게 시간 관리는 필수조건이다.

독서는 습관이다. 강력한 습관을 만들기 위해 계획을 세우고 실천하라. 무작정 책을 많이 읽는 것 보다는 체계적인 계획을 세워 차근차근 노력하는 것이 더욱 지속적이고 효과적이다.

독서 계획을 세울 때에는 독서 목적, 독서 분야, 읽을 책, 독서 방법 등을 고려해야 한다. 실학자 다산 정약용은 전남 강진에서 유배 생활을 할 때 두 아들에게 부친 편지글에서 독서 계획에 관해 언급했다.

"새해가 밝았다. 신년을 맞는 사대부는 반드시 마음과 행동을 새롭게 한다. 나는 어렸을 때 연초에 1년 동안의 독서 계획을 세웠다. 지금까지 너희에게 편지로 독서를 장려했다. 그런데 너희는 책을 읽으면서 생긴 의문이나 궁금증, 역사에 대한 논란거리에 대해 단 한 번도 물은 적이 없다. 어째서 너희는 내 말을 허투루 듣는다는 말이냐." 그는 독서 목적에 따라 독서 계획을 세워 실천했다.

삶의 기회는 단 한 번뿐이다. 시간은 1초도 되풀이되지 않는다. 계획을 실천에 옮기기 위해서는 어느 정도의 긴장감도 필요하다. 10년의 시간을 책과 벗해보라. 인생의 2막, 3막이 가능한 사람으로 바뀔 것이다. 독서 계획을 세우고 수시로 업그레이드하라!

03

양서와 적서(適書)를 찾으라

*대형서점*을 가보라. 우리의 눈을 사로잡는 수많은 책들을 볼 수 있다. 크고 작은 출판사 편집부에서는 지금도 출판 기획에 정성을 기울이고 있다. 하지만 독자의 눈에 뜨이고 손에 들리는 책이 되는 일은 얼마나 어려운가!

양서라고 불리는 책들도 헤아릴 수 없을 정도로 많다. 뿐만 아니라 눈만 뜨면 쏟아져 나오는 신간들은 독자들의 기를 죽일 정도다. 하지만 기죽지 말자. 양서가 다 내게 맞는 적서(適書)는 아니다. '적서'란 자기의 독서 능력과 수준에 적합한 책을 말한다.

"적시(適時)에 적서(適書)를 적자(適者)에게(The right book for the right reader at the right time.)"라는 말이 있다. 내 생각에는 아무리 좋은 책이라도 독자와 만나는 운명적 시간이라는 게 있다. 10대 시절에 가볍게 읽고 지나친 책이 20대에 의미심장한 메시지로 다가오기도 하기 때문이다.

한 번은 한 지역의 독서클럽에서 성인동화 『꽃들에게 희망을』을 함께 읽고 독후감을 나누었다. 한 전업주부가 독후감을 이야기하다가 눈물을 보이기 시작하였다. 결혼을 하면서 젊은 시절의 꿈을 접은 두 아이의 어머니였다. 때로는 초등학생도 읽는 그 동화가 지난 세월 속에 잊고 있었던 '좌절된 꿈'을 건드린 것일까. 현재는 심리학 전공을 살려 독서치료사가 되었고 독서 지도와 관련된 분야에서 활발하게 활동하고 있다.

최근 부각되는 '상황독서'는 독서의 새 방법이다. 이것은 책 읽기에서 독서의 효용성을 극대화하려는 시도다. 상황독서에서는 상황에 맞는 독서 목록 작성도 필요하다. 독자가 서점이나 도서관에서 책을 선택할 때 두 가지 방법이 있다. 하나는 자신의 동기에 의해서 보고자 하는 책을 정한 뒤에 그것을 고르는 방법이고, 다른 하나는 그냥 막연히 서가에 가서 여러 가지 책을 살펴 본 후에 저자와 제목과 내용을 대충 살펴본 후에 책을 선택하는 방법이다. 상당수의 독자들은 후자에 속한다.

그러나 자기의 상황이나 필요를 고려하는 독자는 읽고 싶은 책을 정한 뒤에 그것을 찾아 읽는다. 이 경우 이미 독서의 동기가 갖추어져 있고, 읽고 싶은 욕구가 강하기 때문에 그 책은 마치 목마른 사람에게 주는 생수와 같은 역할을 하게 된다.

독서의 목적을 확인하면 자기에게 맞는 책을 선택하는 것이 훨씬 쉬워진다. 어떤 책은 신문이나 TV의 소개 또는 전문가의 추천을 받아 인터넷 서점에서 구입할 수 있다. 그러나 독자가 서점에 가서 직접 책을 살펴보고, 때에 따라서는 한 장 전체를 읽어본 후에 책을 선택해야 할 때도 있다.

똑같은 책이라도 개인의 상황에 따라 독서 효과가 달라진다. 위기의 순간에는 절망을 딛고 일어난 이들의 전기가 용기를 준다. 장애를 극복한 사람의 자서전이 목표를 잃고 있는 젊은이에게 새 출발의 힘을 줄 수도 있다.

그러면 어떻게 그런 적서를 만날 수 있는가? 다른 방법이 있는 것이 아니다. 양서를 꾸준히 읽는 사람에게는 때에 맞는 적서가 운명처럼 그를 찾아온다. 헌책방 한 구석에 꽂혀 있다가 꼭 필요한 독자를 만날 수도 있다.

독서는 적시에 적서를 읽는 것이 가장 효과적이다. 양서를 가까이하는 사람은 자신의 적서를 선택하는 안목이 생기고, 책과의 운명적인(?) 만남도 경험할 수 있다.

04

독서의 기술을 익혀라

문호(文豪) 괴테는 말하기를 "나는 독서하는 방법을 배우기 위해서 80년이라는 세월을 바쳤는데도 아직까지 그것을 잘 배웠다고 말할 수 없다."라고 했다.

그럼 독서의 기술은 왜 필요한가?

첫째로, 독서 능력의 계발이 필요하기 때문이다. 독서에도 수준과 단계가 있으므로 독자의 독서 능력을 꾸준히 계발하는 일은 매우 중요하다.

둘째로, 읽어야 할 책은 많고 시간은 제한되어 있기 때문이다.

셋째로, 독서는 고도의 정신활동이기 때문이다. 독서는 단순히 책을 읽고 문자를 해독하는 과정만이 아니다. 독자와 책이 만나고, 독자의 삶과 저자의 사상이 해후(邂逅)하는 것이 독서이다.

넷째로, 책의 종류에 따라 읽는 법을 달리해야 하기 때문이다. 책을 제대로 읽어내려면 독서 기술에 관한 기본 지식을 가져야 한다. 많은 책을 읽다보면 경험에 의해서 각자 나름대로의 방법을 갖게 된다. 그러나 더 나은 방법을 아는 것은 큰 도움이 된다.

올바른 독서법을 알 때 우리는 더 큰 효과를 거둘 수 있다. 책을 읽는 지혜 몇 가지를 제시한다면, 다음과 같은 것들이다.

1) 요점을 읽는다.

2) 요약하면서 읽는다.

3) 문맥을 짚으면서 읽는다.

4) 순서를 읽는다.

5) 단락을 읽는다.

6) 구성을 생각하면서 읽는다.

7) 정경을 머리에 떠올리면서 읽는다.

8) 인물의 성격과 심정을 생각하면서 읽는다.

9) 글쓴이의 의도를 읽는다.

10) 주제와 요지를 파악한다.

훑어 읽기(prereading)

훑어 읽기는 주어진 글에서 중요한 정보를 찾아내기 위해 최대한 빠른 속도로 읽는 독서 방법이다. 훑어 읽기를 할 때는 다음과 같은 절차를 밟는 것이 효과적이다.

1) 글의 제목을 읽고, 글의 주제를 추정해 본다.
2) 필자와 글의 출처를 참고하여 글의 성격을 짐작해 본다.
3) 글의 서론 단락을 자세히 읽고 글의 주제, 목적, 동기 등을 확인해 본다.
4) 글의 소제목과 각 단락의 첫째 문장 혹은 마지막 문장을 읽고, 각 단락의 중심 내용을 확인한다.
5) 각 단락의 중심 내용을 뒷받침하는 내용 중에서 필자가 특별히 강조하는 내용이 무엇인지를 확인한다.
6) 글의 결론 단락을 자세히 읽고, 글 전체를 요약한 내용이 무엇인지를 확인한다.

05

글의 구조 파악하고
키워드로 읽기

탁월한 독자가 되려면 구조 읽기 능력을 키워야 한다. 구조 읽기란 내용의 전개방식을 이해하는 것을 말한다. 글의 내용을 체계적으로 이해하기 위해서는 그 글을 작성한 필자가 내용을 어떠한 방식으로 전개하였는지를 확인할 필요가 있다.

글의 구조를 이해하기 위해서 독자는 저자의 집필 과정을 역으로 추적할 필요가 있다. 임정섭은 글쓰기 5단계를 다음과 같이 정리하고 있다.

1단계 아이디어 떠올리기 : Idea

2단계 생각 토해내기 : Think out

3단계 정리하기 : Arrangement

4단계 조사와 분석하기 : Research

5단계 글쓰기 : Writing

좋은 글은 좋은 구조를 갖고 있다. 뿐만 아니라 좋은 글은 세계를 깊이 있게 분석해낼 수 있는 지식과, 현상과 세계를 적절히 조직해낼 수 있는 구성력, 그리고 생각과 사고를 문자로 표현할 수 있는 문장력을 갖추고 있다.

우리는 책을 읽으면서 단편적인 지식과 정보만 얻는 독자가 아니라 글의 구조를 읽어낼 수 있는 독자가 되어야 한다. 따라서 글을 읽으면서 "구성은 어떠한가?"라는 질문을 던져야 한다.

글의 구조란 구성과 조직이다. 구성과 조직에서 잘 짜인 글은 단락과 단락의 연결 관계, 결론을 유추해내는 능력, 인용과 예시를 주제에 연결시키는 능력이 뛰어나다.

글을 읽을 때 매번 이렇게 따져보는 습관을 익히는 것은 매우 중요하다. 그래야 글의 구조를 파악하는 데 도움이 된다. 무턱대고 많이 읽기만 하지 말고 분석하면서 읽어야 한다. 이러한 독서법은 좋은 글을 쓰기 위한 기본 학습이기도 하다. 학자들도 읽는 것과 쓰는 것이 결코 분리될 수 없는 행위라고 말한다.

책을 잘 읽는 사람은 구조를 파악할 뿐만 아니라 키워드로 읽는다. 일반적으로 각 장(章)이나 문단에서 자주 나타나는 단어가 키워드다. 예를 들면 찰스 다윈의 『종의 기원』에서는 종(種)이 책 전체의 키워드다.

키워드가 중요한 이유는 책의 핵심 내용을 파악하기 위함이다. 모든 실용서는 핵심 키워드를 중심으로 5%로 요약할 수 있다. 키워드로 읽는 것은 요약의 능력을 키우는 것이다.

요약 능력을 기르는 데 활용할 수 있는 좋은 방법 중 하나는 주어진 글에 제목을 붙여보는 것이다. 처음에는 한 문단을 키워드 중심으로 한 문장으로 요약한다.

이렇게 글 전체나 글의 일부에 대해서 한 문장으로 제목을 붙여 보는 것은 키워드 중심으로 책의 내용을 파악하는 지름길이다. 신문의 칼럼이나 사설을 활용하여 원래 제목을 지우고 읽은 다음 제목을 붙여보는 것도 한 가지 방법이다.

책을 읽으면서 핵심을 파악하고 싶은가? 구조를 파악하고 키워드로 읽어라. 조만간 글 전체가 한 눈에 들어오는 경험을 하게 될 것이다.

앙드레 말로의 독서 기술

독서의 기술과 관련하여 프랑스의 작가 앙드레 말로(1901~1976, 소설가, 평론가)는 다음의 다섯 가지를 말하였다.

1) 많은 저자를 표면적으로 알기보다는 몇몇 저자와 그 주제를 완전히 알기에 힘쓰라. 참으로 자기의 좋은 벗이 될 만한 저서를 찾아서 그것을 철저히 읽으라.

2) 고전을 주로 읽으라. 물론 오늘의 작품에 대하여 흥미를 가져야 한다. 그러나 고전은 낡은 것이면서 항상 새로운 것이다.

3) 자기에게 도움이 되는 책을 고르라. 내게 알맞는 책을 읽어야 한다.

4) 마음을 가다듬고 독서를 하라.

5) 훌륭한 책을 읽을 때에는 책을 읽는 사람도 훌륭한 사람이 되어야 한다.

독서의 방법은 어떤 것이 바람직한가? 우리는 능동적으로 책을 읽어야 한다. 그러므로 생각을 하면서 책을 읽어야 한다. 능동적인 독자는 행간의 의미까지 파악하려고 노력한다. 올바른 독서법을 알 때 우리는 더 큰 효과를 거둘 수 있다. 그리고 독자는 책의 내용을 이해하여 무엇인가를 얻어내려는 '의지'를 가지고 있어야 한다. 책의 내용을 파악하지 못하고 많은 책만 읽은 독자는 '유식한 바보'이다.

또한 책을 가까이하면서 더 적극적으로 책의 사람이 되려면, 지금 읽고 있는 책의 내용을 화제(話題)에 올려야 한다. 읽은 내용 가운데 중요하거나 유익했던 점을 기억해 두었다가 다른 사람에게 알려주는 것은 '귀한 나눔'이다. 서로 독서 정보를 나눌 수 있는 동료가 있어야 한다. 친구 사이에도 책을 중심으로 이야기할 수 있는 분위기가 있어야 한다.

중심 내용 파악하기

독서의 과정에서 글의 중심 내용을 효과적으로 파악하는 것은 독서의 기본이다.

먼저 일반적인 정보를 진술한 문장과 구체적인 정보를 진술한 문장을 구별해야 한다. 글 전체 및 각 문단에서 가장 일반적인 정보를 진술한 문장을 식별하는 것도 중요한다. 그리고 글 전체를 지배하는 중심 생각이 무엇인지를 파악하여 그 중심 생각을 자신의 말로 재 진술해 본다.

또한 중심 문장과 전개 문장 사이의 관계를 파악한다. 각 문단에서 중심 문장이 명시적으로 드러나 있지 않을 때는 그 문단의 중심 문장을 스스로 만들어 내도록 한다. 끝으로 각 문단의 중심 내용을 바탕으로 하여 각 부분의 중심 내용 및 글 전체의 중심 내용을 파악하도록 한다.

06

장르별로 다르게 읽기

책의 종류는 매우 다양하다. 따라서 그 책의 성격에 따라 읽는 법도 다르다. 왜냐하면 실용서를 읽는 법과 문학 작품을 읽은 법은 다를 수밖에 없기 때문이다.

인문·사회과학책 읽기

인문·사회과학은 분야가 매우 광범위하다. 언어·문학·역사·철학·신학·종교·윤리·예술 등이 인문과학의 영역에 속하며, 정치·경제·사회·법률 등이 사회과학의 영역에 속한다. 인문계 텍스트의 대상은 인간의 다양한 사유와 경험과 사건"이다.

인문계 텍스트의 대상은 그냥 자연이 아니라 무엇인가의 『의미』 또는 『관념』이다. 자연계 텍스트는 물리적 현상으로서의 대상을 어떤 법칙에 비추어 '설명'함에 있고, 이와는 반대로 인문계 텍스트는 어떤 법칙으로 설명될 수 없는 인간의 다양한 경험이나 사건을 '서술'하거나 검토하면서 '이해'하고 그 뜻을 밝히려는 데 있다.

자연과학과 인문과학은 비교적 선명하게 구별되지만 사회과학의 위상은 약간 애매모호하다. 사회계에 속하는 텍스트의 예로는 루소의 『사회계약론』이나 마르크스의 『자본론』을 들 수 있을 것이다.

자연과학책 읽기

자연과학책을 읽을 때는 주어진 객관적 사실들을 이해하고 가급적 많은 것을 내 지식으로 만들어야 한다. 즉, 지식과 사고의 확장에 주력해야 한다. 자연과학은 합리성을 중시하기 때문에 거의 모든 것이 어떤 하나의 원리로 설명된다. 그 원리가 무엇인지를 아는 것이 가장 중요하다.

따라서 책의 선택이 중요하다. 과학과 관련하여 좋은 책을 선정하는 것은 쉬운 일이 아니다. 또 권장할만한 좋은 책이 그리 흔한 것도 아니라고 한다. 특히 과학에 관한 책들은 어떤 특정 독자들에 대해서는 좋은 책이 될 수 있으나 또 다른 독자에게는 전혀 쓸모없는 책일 수도 있다.

자연과학책도 읽는 과정에 필요한 몇 가지 기술이 있다.

우선, 부분과 전체를 함께 파악해야 한다. 따라서 전체에 대해 개략적인 파악을 하는 것이 중요하다. 독자는 읽고 있는 부분의 전체와의 관련성을 이해해야 한다.

둘째로 부딪힌 장벽을 지혜롭게 넘어야 한다. 책을 읽을 때 생소한 용어나 이해할 수 없는 표현 등은 독자를 당혹하게 한다. 이것이 아마 과학책을 손에서 놓아버리는 가장 흔한 이유일 것이다. 이러한 경우 이 표현의 앞과 뒤를 살펴 전체적인 이해를 먼저 추구해야 한다. 그리고 이 표현이 의미하리라고 생각되는 어떤 것을 잠정적으로 추정하고 넘어가는 것이 한 가지 대처 방법이다.

셋째로 내용을 재구성해 봄이 유익하다. 책을 읽어 가는 도중 도중에서 책의 전체 줄거리를 의식적으로 반추해 보고 책의 전체 내용을 재구성해 보는 것이다.

넷째로 표지 넣기와 노트 작성도 큰 도움이 된다. 책의 주요 부분에 밑줄을 치거나 혹은 여백이나 메모지에 간단한 메모를 작성한다. 이러한 종류의 메모는 후에 책의 내용과 함께 자신의 반응에 대한 기억까지 되살려 준다.

한층 본격적인 보조 작업은 노트를 작성하는 일이다. 심오한 이론을 학습하는 경우, 나름대로의 노트를 작성하여 중요한 내용을 정리하는 것은 거의 필수적이다.

신문과 잡지 읽기

현대는 정보의 시대다. 어제의 지식과 정보가 오늘은 벌써 낡은 것이 되어버리는 일이 흔하다. 정보의 시대에서는 누가 더 새로운 정보를 많이 알고 있느냐에 따라 성공과 실패가 결정된다.

신문과 잡지는 주로 대중을 상대로 신속한 정보를 제공하는 활자 매체이다. 신문과 잡지의 생명은 정보의 참신성에 있다. 신문과 잡지는 대중지와 전문지로 크게 나뉜다. 전문지는 가급적 다 읽어보는 것이 좋고 대중지는 필요한 기사를 골라 읽어야 한다.

잡지는 관심 있는 분야에 대한 취미를 쌓고 한층 폭 넓고 깊이 있는 정보를 얻기에 적합한 매체이다. 잡지는 산책하는 기분으로 읽는 것이 좋다. 잡지는 신문과 달리 무게와 깊이가 있는 기사를 실을 때가 많다. 이런 글은 주의를 기울여 꼼꼼하게 읽어야 한다.

07

아름다운 시를 암송하라

독일의 문호 괴테는 "우리는 적어도 매일 한 곡의 노래를 듣고 한 편의 시를 읽고 한 폭의 그림을 감상해야 하며 가능하면 몇 마디 도리에 맞는 말을 해야만 한다."라고 말했다.

시란 무엇인가?

시에 대한 정의를 명쾌하게 내리기는 매우 어렵다. 시에 대한 정의는 시대의 발전과 함께 다양하게 발전하여 왔다.

강은교 시인은 '좋은 시인이 되는 길'이라는 제목의 강연에서 "시는 언어의 경련과 같은 것"이라고 했다. 시는 어떤 대상에서 짧게 그 무엇인가를 직관적으로 포착해내는 것이다. 시야말로 어떤 전율이 들어 있지 않으면 안 된다. 어떤 시를 보면 전기가 부르르 하고 올 때가 있다. 예를 들어서 김수영의 『풀』을 맨 처음 읽었을 때, 박두진의 어떤 시를 맨 처음 읽었을 때, 전기가 부르르 온 경험을 많은 사람들이 갖고 있다.

시의 언어는 암시적이며 또한 생생하다. 시인의 언어는 우리 마음속에 하나의 심상을 창조한다. 한 편의 시가 그려내는 이미지를 시적 심상이라고 말한다. 시를 이해하려면 비유어를 해독해야 한다. 시에서 비유가 차지하는 비중은 매우 크다. 비유어가 많이 사용되는 시에 있어서 우리는 리듬, 소리 등에도 주의를 기울여야 한다.

우리가 말소리를 낼 때 그 소리는 다양하게 발음된다. 이러한 변화 또는 고저를 리듬이라고 한다. 시의 리듬에는 규칙성을 띠려는 경향이 있다(고, 저, 강, 약에 있어서의 변조). 시를 낭송하는 것을 듣거나 조용히 있을 때 우리는 마치 음악의 리듬을 느끼는 것처럼 규칙적인 리듬을 느낀다. 리듬은 시의 전체 효과를 좌우할 수 있으므로 시에서 리듬을 느낀다는 것은 중요한 작업이다.

시는 음악적인 매체를 통해 마음과 교류한다. 시의 언어는 운율적이다. 또한 시의 언어는 다양한 소리로 구성되어 있다. 그 소리는 마음의 귀로도 충분히 들을 수 있다. 훌륭한 시에서 소리는 의미를 동반할 뿐만 아니라 의미 전달을 도와주기까지 한다.

다음의 시를 음미해 보라.

연장론(論)

— 최영철

우리가 잠시라도 두드리지 않으면

불안한 그대들의 모서리와 모서리는 삐걱거리며 어긋난다

우리가 세상 어딘가에서 녹슬고 있을 때

분분한 의견으로 그대들은 갈라서고

벌어진 틈새로 굳은 만남은 빠져나간다

우리가 잠시라도 깨어 있지 않으면

그 누가 일어나 두드릴 것인가

무시로 상심하는 그대들을 아프게 다짐해 줄 것인가

그러나 더불어 나아갈 수 없다면

어쩌랴 아지못할 근원으로 한 쪽이 시들고

오늘의 완강한 지탱을 위해 결별하여야 할 때

팽팽한 먹줄 당겨 가늠해 본다

톱날이 지나가는 연장선 위에

천진하게 엎드려 숨죽인 그대들 중

남아야 할 것과 잘려서 혼자 누울 것은

무슨 잣대로 겨누어 분별해야 하는가를

또 다시 헤어지고 만날 것을 빤히 알면서

단호한 못질로 쾅쾅 그리움을 결박할 수는 없다

언제라도 피곤한 몸 느슨히 풀어 다리 뻗을 수 있게

一字나 十字로 따로 떨어져

스스로 바라보는 내일이 있기를

수없이 죄었다가 또 헤쳐 놓을 때

그때마다 제각기로 앉아 있는 그대들을 바라보며

몽키 스패너의 아름다운 이름으로

바이스 프라이어의 꽉다문 입술로

오밀조밀하게 도사린 내부를 더듬으며

세상은 반드시 만나야 할 곳에서 만나

제나름으로 굳게 맞물려 돌고 있음을 본다

그대들이 힘 빠져 비척거릴 때

우리의 건장한 팔뚝으로 다스리지 않으면

누가 달려와 쓰다듬을 것인가

상심한 가슴 잠시라도 두드리고

절단하고 헤쳐 놓지 않으면

누가 나아와 부단한 오늘을 일으켜 세울 것인가

(1986년 한국일보 신춘문예 시 당선작)

이 시는 목수가 사용하는 연장의 존재 이유를 밝혀 보려한 특이한 시이다. 해체와 복원, 무질서와 질서의 긴장을 시적 주제로 내보이고 있다. 시인에 의하면, 세상은 반드시 만나야 할 곳에서 만나 제 나름으로 굳게 맞물려 돌고 있다.

시의 구성요소

시의 구성요소에는 함축(含蓄)이 있다. 흔히 하나의 말은 한 가지 이상의 여러 가지 지시성을 갖는다. 예를 들면, 붉은 색은 '피', '혁명', '위험', '분노' 등을 나타낸다. 시인들은 '정확하게 말을 사용하는 사람'과는 다르게 언어를 사용한다. 시인은 언어적 연상과 암시성을 최대한 활용한다.

시에는 심상(心象)의 요소가 있다. 시의 언어는 암시적이며 또한 생생하다. 시인의 언어는 우리 마음속에 하나의 심상을 창조한다. 한 편의 시가 그려내는 이미지를 시적 심상이라고 말한다.

필자의 시 한편을 이 자리에 소개한다.

새벽

새벽은 깊은 우물이다
새벽에
내면 깊은 곳으로

두레박을 내리는 기쁨

내 은밀한 가슴 헤치고

뼈 속까지 시려오는

생수를 올려

내 황폐한 뜨락에 쏟아 붓는다

생수의 투명함은

진리같이

가슴에 와 닿고

와 닿은 하늘의 마음은

싱싱한 새벽 정기

네 이마에 내 이마 마주 대고 있으면

스스로 깨달음이 되는 새벽

늘 깨어

나를 기다리는 새벽

어떤 시를 읽을 때 울림이 있을 때가 있다. 예를 들어서 김수영의 '풀'을 맨 처음 읽었을 때, 윤동주의 어떤 시를 맨 처음 읽었을 때 감동이 온 경험을 많은 사람들이 갖고 있을 것이다. 이런 울림과 감동이 느껴지는 사람이라면 시를 쓸 수 있는 사람이다. 사실 시심은 누구에게나 있는 것이다. 잠자고 있는 시심을 깨우고 그 능력을 키우는 것은 각자의 몫이다. 좋은 시를 쓰려면 좋은 시를 가까이하고 많이 읽고 암송해야 한다. 그리고 일상의 작은 감동이라고 놓치지 않는 마음과 관찰력이 있어야 한다.

시인이며 수필가였던 에머슨은 다음과 같이 말했다. "시인은 대리인이다. 시인은 천성적으로 말하는 자이며, 표현하기 위하여 세상으로 보냄을 받은 자들이다."

로버트 프로스트(Robert Lee Frost)의 시 한 편을 암송해 보자.

가보지 못한 길

– 로버트 프로스트

노랗게 물든 숲 속에 두 갈래 길이 있었습니다.
한 나그네 몸으로 두 길을 다 가볼 수 없어
아쉬운 마음으로 그곳에 서서
한쪽 길이 덤불 속으로 감돌아간 끝까지
한참을 그렇게 바라보았습니다.

그리고는 다른 쪽 길을 택했습니다.
먼저 길에 못지 않게 아름답고
어쩌면 더 나은 듯도 싶었습니다.

사람들이 밟은 흔적은 비슷했지만 풀이 더

무성하고 사람의 발길을 기다리는 듯해서였습니다.

그날 아침 두 길은 모두 아직

발자국에 더럽혀지지 않은 낙엽에 덮여 있었습니다.

먼저 길은 다른 날로 미루리라 생각했습니다.

길은 길로 이어지는 것이기에

다시 돌아오기 어려우리라 알고 있었지만.

먼 먼 훗날 어디에선가

나는 한숨 쉬며 이야기를 할 것 입니다.

"숲 속에 두 갈래 길이 있어

나는 사람이 덜 다닌 길을 택했습니다. 그리고

그것이 내 인생을 이처럼 바꿔 놓은 것입니다" 라고.

08
독서의 대가에게 배우라

버클리 대학 심리학연구소에서 세계적으로 성공한 600명에 대해
연구한 결과, 성공한 사람들에게는 다음과 같은 5가지 특징이 있었다.

1. 강한 집중력
2. 살아 있는 감성
3. 창의적 사고
4. 정직한 성품
5. 풍부한 독서력

미국의 평론가요 시인인 에머슨(Ralph Waldo Emerson)은 "보기 드문
지식인을 만났을 때 그가 무슨 책을 읽는가를 물어보아야 한다."고 말

했다. 우리는 독서의 대가들로부터 많은 것을 배울 수 있기 때문이다.

책 읽는 모습은 아름답다. 책 읽는 모습이 아름다울 것으로 여겨지는 유명인사에 대한 한 설문조사 결과 정치인 중에는 홍사덕 씨, 문화예술계 인사 중에는 손숙 씨가 선정되었다고 한다. 손숙 씨는 책 읽기를 좋아해서, 좋은 책을 만나면 중간에 덮지 않고 밤새워 읽는다. 그리고 그 책을 다른 사람에게 전해 준다고 한다. 자신이 발견한 좋은 책을 유통시키는 지혜를 볼 수 있다. 우리는 책을 사랑하는 사람들에게서 좋은 독서 자세와 습관을 배울 수 있다. 우리 보다 앞서 책의 세계를 발견하고 그 기쁨을 누린 사람들이 얼마나 많은가!

선인들의 독서 자세

공자는 '공부'를 일상생활 속에서 즐거운 마음으로 죽을 때까지 해나가는 것이라고 생각하였다. 주자는 공부란 닭이 알을 품는 것과 같다고 하였다. 율곡은 공부를 하지 않으면 사람다운 사람이 될 수 없다고 말하기도 했다. 또한 연암은 선비가 독서를 하면 그 은택이 천하에 미친다고 했다.

그래서 옛사람들은 공부, 특히 독서의 마음가짐과 자세에 대해 강조하였다. 주자는, 책을 읽는 것은 처음에는 부지런히 힘을 쏟아 자세히 궁구하되 나중에는 천천히 음미하고 반복해야 한다고 하면서, 이렇게 말했다. "많이 읽기를 탐하고 빨리 읽고자 해서는 안 되며, 푹 익기를 기다려야 한다. 공부는 푹 익은 데서 나오는 것이다." 주자는 책을 숙독하고 음미하는 것을 거듭 강조하였다.

율곡 이이는 말하기를, "배우지 않은 사람은 마음이 꽉 막히고 식견이 좁다. 그러므로 모름지기 책을 읽고 사물의 이치를 궁구하여 마땅히 나아가야 할 길을 밝힌 다음에야 그 방향이 정확하고 그 실천이 옳을 수 있다."고 했다. 그는 "많은 책을 읽어서 많이 얻기를 탐내어 부산하게 이것저것 읽지 말아야 한다."라고 했다.

조선 영조 정조 때의 실학자 홍대용은 독서 자세를 강조했다. "글을 읽을 때는 반드시 옷깃을 단정하게, 얼굴은 엄숙하게, 마음은 전일하게, 기운은 화평하게 할 것이며, 잡념을 갖지 말고, 선입견을 품지 말아야 한다." 그는 고요히 앉는 것은 공부를 진전시키는 데에 가장 큰 힘이 된다고 했다.

정약용은 한 권의 책을 볼 때, 한 글자라도 그 뜻을 분명히 알지 못하는 곳이 있으면 널리 고찰하고 자세하게 연구하여 그 글자의 어원(語源)을 알아내었다.

명사들의 독서론

백금산 목사에 의하면 독서에도 단계와 급수가 있다. 그러므로 그는 몇 가지 지침을 제시하고 있다.

첫째로, 한 권의 책을 여러 번 읽어라. 신앙 성숙에 꼭 필요한 중요한 책은 완전히 소화되도록 읽어야 한다는 것이다. 아더 핑크는 "한두 명의 저자에게 보내는 시간을 다른 20~30명의 저자보다 50~60배 더 많이 하라."고 말했다. 스펄전은 말하기를 "철저하게 읽어라. 몸에 흠뻑 밸 때까지 그 안에서 찾으라. 읽고 또 읽어 되씹어서 소화해 버려라. 바로 여러분의 살이 되고 피가 되게 하라. 좋은 책은 여러 번 독파하고 주를 달고 분석해 놓아라."라고 했다.

둘째로, 한 사람의 저자를 집중적으로 읽어라. 이는 그 사람의 책을 전부 읽는 것이다.

셋째로, 독서의 균형을 맞추어라. 조나단 에드워즈는 아주 젊은 시절부터 독서에 있어 균형이 중요함을 깨달았다. 고전 읽기와 신간 읽기의 균형이 필요하다. C. S. 루이스는 고전과 신간을 번갈아 읽을 것을 권한다. 백 목사는 신간 3권에 고전 1권의 비율 정도를 추천한다.

넷째, 주제별로 읽어라. 평생 독서의 스케줄을 만드는 것도 좋다.

서울여자대학교 장경철 교수는 "독서란, 글자 속에 담긴 사상과 사건과 원리를 끄집어내서 나의 정신과 삶에 담는 행위"라고 말한다. 즉, 독서는 책 안에 담긴 사상과 사건을 운반하여 우리의 정신에 와서 닿게 만드는 기술이라는 것이다.

그는 질문 중심의 독서를 하라고 제안한다. 그 책이 어떤 쟁점을 다루고 있는지를 미리 질문하고 읽는다는 것이다. "좋은 독서법은 저자의 의중과 책의 흐름을 따라가면서 책의 관점과 기초를 파악하는 것이다. 비판적 독서를 하기 위해서는 저자의 관점을 파악할 수 있어야 한다. 꼭 필요한 책의 경우는 반드시 여러 번 읽는다. 책의 내용을 잘 기억하는 비결은 자신이 적은 내용을 자주 읽은 것이다. 자주 메모하고 정리하면서 자신의 착상을 적어두는 것이 중요하다."고 말한다.

그에 따르면 독서의 축복은 만남의 축복을 통한 풍성한 삶이다. 독서의 첫 축복은 만남의 범위를 확장한다는 것이다. 그리고 독서의 축복은 관점과 사고의 확장을 통한 성장과 성숙이다.

책을 읽을 때는 끊임없이 의심하라

일본 최고의 지성이라고 불리우는 다치바나 다카시(立花隆)는 『나는 이렇게 책을 읽어왔다』에서 효과적인 독서법을 제시하였다. 실전에 필요한 그의 14가지 독서법은 아래와 같다.

1) 책을 사는데 돈을 아끼지 말라. 책이 많이 비싸다고 한다지만 기본적으로 책값은 싼 편이다. 책 한 권에 들어있는 정보를 다른 방법을 통해 입수하려고 한다면 그 몇 십 배, 몇 백 배의 대가를 지불해야 할 것이다.

2) 하나의 테마에 대해 책 한 권으로 다 알려고 하지 말고, 반드시 비슷한 관련서를 몇 권이든 찾아 읽어라. 관련서들을 읽고 나야 비로소 그 책의 장점을 확실하게 알 수 있다. 또한 이 과정을 통해 그 테마와 관련된 탄탄한 밑그림을 그릴 수 있다.

3) 책 선택에 대한 실패를 두려워하지 말라. 실패 없이는 선택 능력을 익힐 수 없다. 선택의 실패도 선택 능력을 키우기 위한 수업료

로 생각한다면 결코 비싼 것이 아니다.

4) 자신의 수준에 맞지 않는 책은 무리해서 읽지 말라. 수준이 너무 낮은 책이든, 너무 높은 책이든, 그것을 읽는 것은 시간 낭비이다. 시간은 금이라고 생각하고 아무리 비싸게 주고 산 책이라도 읽다가 중단하는 것이 좋다.

5) 읽다가 중단하기로 결심한 책이라도 일단 마지막 쪽까지 한 장 한 장 넘겨보라. 의외의 발견을 하게 될지도 모른다.

6) 속독법을 몸에 익혀라. 가능한 짧은 시간 안에 가능한 많은 자료를 섭렵하기 위해서는 속독법밖에 없다.

7) 책을 읽는 도중에 메모하지 말라. 꼭 메모를 하고 싶다면 책을 다 읽고 나서 메모를 위해 다시 한 번 읽는 편이 시간상 훨씬 경제적이다. 메모를 하면서 책 한 권을 읽는 사이에 다섯 권의 관련 서적을 읽을 수가 있다. 대개 후자의 방법이 시간을 보다 유용하게 쓰는 방법이다.

8) 남의 의견이나 북 가이드 같은 것에 현혹되지 말라. 최근 북 가이드가 유행하고 있는데, 대부분 그 내용이 너무 부실하다.

9) 주석을 빠뜨리지 말고 읽어라. 주석에는 때때로 본문 이상의 정보가 실려 있기도 하다.

10) 책을 읽을 때는 끊임없이 의심하라. 활자로 된 것은 모두 그럴듯하게 보이는 경우가 많지만, 좋은 평가를 받은 책이라도 거짓이나 엉터리가 얼마든지 있을 수 있다.

11) "아니, 어떻게?"라고 생각되는 부분(좋은 의미에서든 나쁜 의미에서든)을 발견하게 되면 저자가 어떻게 그런 정보를 얻었는지, 또 저자의 판단 근거는 어디에 있는지 숙고해보라. 이런 내용이 정확하지 않을 경우, 그 정보는 엉터리일 확률이 아주 높다.

12) 왠지 의심이 들면 언제나 원본 자료 혹은 사실로 확인될 때까지 의심을 풀지 말라.

13) 번역서는 오역이나 나쁜 번역이 생각 이상으로 많다. 번역서를 읽다가 이해가 잘 되지 않는 부분이 있으면 머리가 나쁘다고 자책하지 말고 우선 오역이 아닌지 의심해 보라.

14) 대학에서 얻은 지식은 대단한 것이 아니다. 사회인이 되어서 축적한 지식의 양과 질, 특히 20, 30대의 지식은 앞으로의 인생을 살아가는 데 결정적인 역할을 하는 중요한 것이다. 젊은 시절에 다른 것은 몰라도 책 읽을 시간만은 꼭 만들어라.

09

요점 파악하고
자료 정리하기

요점을 파악하려면 다음과 같이 책을 읽어야 한다.

1) 책을 읽으면서 중요한 역할을 하는 문장이나 문단을 골라본다.

2) 짧은 글 속에서 중요한 낱말을 찾아내어 밑줄을 긋는다.

3) 문단 속에서 찾은 중요한 낱말과 문장들을 가지고 요점을 만들어본다.

4) 설명문이나 논설문 속에서 중요한 명사나 키워드를 골라낸다.

정확하게 읽고 확실하게 기억하려면 요약능력을 키워야 한다. 독서란 수백 장의 글을 읽고 한마디나 몇 개의 문장으로 뭉뚱그리거나 요약하는 과정이다. 뭉뚱그리기 기술은 종합적 사고력을 요구한다. 종합적 사고력이란 나열되거나 대립되어 있는 사물의 개념을 통일시켜 하나의 의미로 정립시키는 능력을 말한다. 종합적 사고력이 발달한 사람은 한 권의 책을 한마디의 말로 요약할 수 있다.

책을 읽고 확실하게 기억하려면 기억력을 강화해야 한다. 글의 주요 내용을 기억하겠다는 의지를 강하게 가져라. 글의 내용을 효과적으로 기억하기 위해서는 적극적이고 능동적인 마음의 자세가 필요하다.

그러나 많은 정보를 한꺼번에 기억하는 것은 어렵기도 하거니와 비효율적인 방법이다. 자신의 기억 용량을 고려하여 여러 정보들을 일정한 단위로 묶어서 기억해야 한다.

글의 내용을 기억하기 전에 먼저 그 내용을 정확하게 이해하라. 명료하게 이해하지 못하는 정보는 머릿속에 저장이 안 된다.

주요한 정보들을 선정한 다음에 그것을 먼저 기억하라. 글을 읽는 과정에서 제기한 질문에 대한 답이 될 수 있는 주요 정보들은 반드시 기억해야 한다. 글의 세부 내용들을 체계적으로 조직한 다음에 기억하라. 새로운 정보는 이미 알고 있는 정보와 연결됨으로써 보다 효과적으로 기억될 수 있다.

또한 독서 후에 정보와 자료를 잘 관리해야 한다. 초대 문화부장관이었던 이어령 박사는 자료 관리를 잘 하는 독서가다. 서재 카드 색인함에는 종이 카드 대신 수십 장의 CD가 들어차 있다. 이 교수는 책을 읽다가 중요한 부분이 나오면 바로 스캐너를 통해 자신만의 분류방식으로 CD에 저장한다.

파일 이름은 우선 국가명(미국은 U, 영국은 B, 한국은 K식으로)에서 첫 이니셜을 고르고, 큰 분류(문학은 L, 문명은 C, 기술은 T 기업은 B)에서 다음 이니셜을 적어준 뒤, 작은 분류에서 간단한 키워드를 적는다. 가령 새로 읽은 내용이 미국 기업에서 개발한 무기에 관한 것이라면 'UBWEAPON'이 되는 셈이다. 그렇게 직접 저장한 내용들이 벌써 CD 50여장에 달한다. CD 한 장에 일반 단행본 수백 권의 텍스트가 들어간다고 하니 막대한 분량이다.

서재 공간에서의 분류 방법은 우선 장르별, 국가별, 소주제별로 나뉜다. 이 교수는 처음에는 도서관 분류 방식을 따라 봤지만 책이 늘어나자 오히려 더 찾기가 힘들었다. 그에 따르면 각자 자신만의 익숙한 방식으로 책을 분류하는 게 더 낫다. 하지만 책상 가장 가까운 곳에는 사전과 신간서적을 둘 것을 추천한다. 실제로 그의 책상 위에 있는 책꽂이에는 각국 언어 사전을 비롯, 20세기 문화 사전, 상징 사전, 기호학 사전, 민족생활어 사전 등 수십 권의 사전이 꽂혀 있다. 또 그 근처의 두 칸 정도는 항상 비워두고 새로 구입한 신간서적을 위한 공간으로 남겨둔다.

이 교수의 보유 장서는 줄잡아 3만 권에 이른다. "책 욕심이 많아 같은 책이 두 권 있는 경우나 소비성 잡지를 제외하고는 책을 버린 적은 없다."고 한다.

천성적으로 술을 못하는 이 교수는 저녁 6시 이후에는 거의 약속을 잡지 않고 집에 들어와 두문불출한 채 서재에 틀어박힌다. 그리고는

새로 산 책들을 훑어본다. 책 내용 중에서 자료로 보관할 부분을 찾아
내는 시간을 갖는 것이다.

　책을 읽은 후에 독서카드를 활용하거나 개인 컴퓨터 자료방에 주제
별로 정리해서 보관하는 습관을 들여야 한다. 논술을 위해 글쓰기 연
습을 하는 경우에도 이러한 자료들은 소중한 보물들이다.

10

나만의 독서일기를 만들자

독서일기란 무엇인가?

독서일기란 책을 읽은 후 그 느낌과 생각을 일기 형식으로 매일 또는 규칙적으로 기록하는 것을 말한다. 이미 고인이 된 평론가 김현의 『행복한 책 읽기』는 일종의 독서일기이다. 그 기록은 평론을 위한 기초 작업이기도 하다. 장정일의『독서일기』시리즈도 주목할 만한 글들이다. 무엇보다도 문학작품을 비롯하여 다양한 도서를 읽는 지속적인 독서량에 크게 놀라게 된다.

독서일기의 효과는 독서 감상문을 쓰는 경우와 비교할 때 큰 차이가 없다. 그러나 형식에 있어서는 보다 자유롭고, 그 기술에 있어서는 매우 사적(私的)일 수 있다는 점이 특징이다.

김현의 독서일기의 예

1987. 4. 18

복거일의 『비명을 찾아서』(문학과 지성사, 1987)를 여러 날에 걸쳐 정
독을 했다. 역시 그의 재능은 시에 있는 것이 아니고 산문에 있다. 그
의 시는 유럽적 의미에서의 묘사의 시다. 감정은 운문으로 표현한 것
이 그의 시인데, 운문의 율격이 강하게 살아 있지 아니한 말이라 시의
울림이 덜하다. 그의 산문은 최인훈의 그것을 읽을 때처럼 단정하고
지적이고 간결하다. 군더더기가 없으면서도 서정적인 점도 최인훈과
닮았다. 그의 소설은 쥬네트가 곁다리 텍스트라고 부른 텍스트의 곁
다리를 제대로 읽어야 완전히 이해할 수 있다.

1987. 12. 11

임동확의 『매장시편』(민음사, 1987)은 괜찮은 시집처럼 보인다. 이성
복을 비롯한 젊은 시인들의 영향이 없는 것은 아니나, 첼란과 같은 독
일 시인들의 맥을 잇는 것 같아 보인다. 광주사태를 다룬 것으로는 압
권이다. 죽음의 기억은 전존재를 떨게 하는 고압선이다.

1988. 7. 30

윤승천의 『탱자나무 울타리』(나남, 1988)는 읽을 만하다. 두 번을 정
독했는데, 빈농 출신의 대학 졸업자의 비애가 과장 없이 잘 그려져 있

다. 소시민의 내면 일기들은 별 재미없으나, 그의 가난한 가족들의 이야기는 재미있다.

아래는 필자가 쓴 독서일기다.

2009년 1월 1일

새해 첫날, 늦은 아침을 먹다. 오후에 두 권의 책을 읽다.
『위험한 순종』 / 케이 워렌(Kay Warren) 지음 / 국제제자훈련원
『균형있는 목회자』 / 유진 피터슨 지음 / 좋은씨앗

『위험한 순종』

저자에 의하면, 순종은 위험하다. 순종은 때때로 주를 위해 엉망이 되는 것이다. 주님을 위해 멋지게 망가지기도 하는 것이다. 저자는 슈퍼스타(?) 릭 워렌의 아내이다. 그녀는 현재 에이즈로 고통 받고 있는 여성과 어린이들을 위해 가슴앓이하며, 평범한 가운데 기적을 일으키시는 하나님과 동역하고 있다. 『목적이 이끄는 기독교 기본교리』의 공동저자로 세계교회를 섬기는 성경교사이기도 하다.

저자는 어느 날 잡지에서 기사의 한 문구를 접하고 사로잡혔다.

"에이즈로 인해 아프리카에는 천이백만 명의 고아가 발생했다."

충격, 그 자체였고 너무 놀라 믿기지가 않았다.

"나는 단 한 명의 고아도 알지 못하는데 천이백만이라니…"

그때부터 어디를 봐도 에이즈, 아프리카, 고아들 얘기만 눈에 들어 왔다고 한다.

한 달 동안 기도로 씨름한 후 하나님께 "예"라고 말하는 그 순간 마음이 무너져 내리면서 산산조각으로 깨어지는 느낌이었다. 존재의 심연에서 올라오는 듯한 색다른 아픔이 몰려들었다. 그녀 자신이 에이즈에 걸린 것처럼, 고아가 되어 홀로 남겨진 것처럼 울고 또 울었다.

저자는 우리가 과감히 고통에 참여하라고 말한다. 그것은 다른 사람과 함께 고통 받기를 선택하는 것을 말한다(184쪽).

저자는 루이스 스미디스(Lewis Smedes)의 말을 인용하고 있다.

> "많은 사람들이 고통의 희생자가 된다. 이제는 고통을 다른 차원으로 승격시킬 필요가 있다. 바로 자발적인 고통 참여다. 다른 사람의 아픔이 나의 아픔이 되게 하면 그것이 바로 고통에 참여하는 것이다…. 주체는 당신 자신이다. 의도적으로 고통 받는 사람 곁에 다가가 그들의 고통이 당신의 마음에 스며들게 해서 당신 자신의 고통으로 만들라…. 이것이 바로 이웃에게 다가서는 사랑의 결정판이다. 이웃으로부터 기쁨을 얻는 게 아니라 이웃과 함께 고통을 겪는 것이다…. 그럴 필요가 없음에도 불구하고, 혹은 그러고 싶지 않은데도 불구하고 눈을 크게 뜨고 다른 사람의 고통 속으로 걸어 들어가 그 고통이 자신의 것이라고 주장한다."(184~185쪽)

저자에 의하면 교회는 이 세상의 유일한 희망이다. "교회는 이 세상에서 가장 유리한 위치에 있는 조직이다." 이 세상에서 교회보다 큰 조직은 없다. "교회는 거의 모든 나라에 흩어져있고 맥도날드, 월마트, 스타벅스, 메이시를 전부 합쳐 놓은 것보다 방대하다. 병원, 대학, 도서관이 없는 지역이라도 교회는 있다!"(224쪽). 예를 들면, 르완다 서부 지역에는 총 3개의 종합병원이 있고 19곳의 보건소가 있다. 그러나 그곳에 728개의 교회가 있다(2006년 12월, 르완다 국립통계청 자료).

교회는 연계망을 형성할 수 있는 근간이 된다. 전 세계적으로 날마다 6만 명의 신자가 늘고 있다. 에이즈 감염자 수는 날마다 1만 4천 명씩 늘어나고 있다(225~226쪽 참고). "개인은 물론 사회의 변화를 영구적으로 주도해 나갈 수 있는 곳이 교회다."(227쪽). 하나님과 교회 없이 진정한 변화는 불가능에 가깝다. 하나님과 교회가 있으면 거의 모든 게 가능하다(232쪽).

본서의 부록으로 '에이즈 문제에 대해 지역교회가 할 일'이 실려 있다(272~276쪽).

- 에이즈 환자들을 위로하며 돌보아 주라.
- 에이즈 검사와 상담을 주도하라.
- 자원 봉사에 적극 임하라.
- 에이즈 환자를 포용하라.
- 건전한 생활양식을 가르치라.

■ 의료 봉사와 무료 급식을 실시하라.

저자에 의하면, 자선단체는 끊임없이 생겨나고 사라지지만 교회는 결코 사라지지 않는다.

이 세상에는 교회 외에 다른 구호단체가 없는 지역들이 수두룩하다. 에이즈 치료가 광범위하게 이루어지기 위해서는 교회가 의학적 치료의 주축이 되어야 한다고 저자는 강조한다.

2009년 1월 2일

늦은 저녁에 톰 라이트의 『악의 문제와 하나님의 정의』(IVP)를 읽다.

저자는 저명한 역사가이자 신약학자로 활동하는 영국 성공회 더럼 (Durham) 주교로, 옥스퍼드, 케임브리지, 맥길 대학교에서 신약학을 가르쳤다.

저서로는 『톰 라이트와 함께 하는 기독교여행』, 『예수』, 『나를 따르라』 등이 있다.

본서는 악의 문제를 실제적으로 다룬다. 특히 용서의 문제를 깊이 있게 다루면서, 용서와 관련된 중요한 책 세 권을 특별히 언급하고 있다(154~156쪽). 그 책들 가운데 하나는 투투 대주교의 책이다. 『No Future without Forgiveness』(Doubleday, 1999). 투투 대주교는 "Without forgiveness, there's no future."라는 말을 하기도 했다.

저자에 따르면, 악은 반창조, 반생명의 세력이다(102쪽). 그리스도인은 죽음과 부활, 회개와 용서를 중심 패턴으로 삼는 삶을 살라는 부름을 받은 사람이다(111쪽).

악과 용서에 관하여 새롭고도 놀라운 관점을 제시한다. 200여 쪽이지만 결코 가벼운 책이 아니다. 톰 라이트의 역량을 느낄 수 있다.

2009년 1월 4일

『은혜가 다스리는 삶』(스티븐 맥베이 지음, 최주연 옮김, 예수전도단)을 읽다. 이 책의 부제는 '내 안에 계신 그리스도의 생명으로 살아가기'이다. 저자의 책으로는 『은혜 영성의 파워』(NCD), 『내게 찾아오시는 하나님』(예영커뮤니케이션) 등이 있다.

저자에 의하면, 기독교는 예수님을 '위해' 일하라고 강요하는 종교가 아니라 그분 '안에' 거하라는 종교다. 그리스도는 그리스도의 생명이다. 그리스도인은 그리스도 안에 살고 움직이며 존재한다. 그리스도인에게는 죄를 극복할 새로운 능력이 있다. "죄를 이기는 능력을 경험하려면, 순간마다 예수 그리스도 한 분만 의지하고 자신이 이미 죄에 대해 죽었음을 지속적으로 선포하면 된다. 느낌과 상관없이, 당신 자신을 죄에 대하여는 죽은 자, 그리스도 예수 안에서 하나님께 대하여는 살아 있는 자로 생각하라. 이것은 진리이다. 따라서 그렇게 믿고 행동하기만 하면 된다!"(189쪽).

이 책은 은혜가 다스리는 삶이 무엇인지를 가르쳐준다. 물론 학문적인 저작은 아니다.

2009년 1월 7일

『친밀한 권위자』(존 에디슨 외 지음, 성서유니온선교회)를 읽다.

매우 독특한 책이다. 존 스토트의 영적 멘토였던 에릭 내쉬(Eric Nash)를 기리는 책이다. 내쉬의 신앙과 헌신을 통해 변화를 경험한 수많은 사람들을 대신하여 10명의 필자가 그를 다각도에서 이야기하고 그에 대한 사랑과 존경을 표현하고 있다.

서문에서 존 에디슨은 그의 출생과 삶의 여정을 간략하게 소개하고 있다. 에릭은 1898년 4월 22일 태어나 1982년 세상을 떠났다. 그는 1932년 영국 성서유니온선교회 간사로 일하기 시작하여 40여 년 동안 청소년사역을 위해 헌신했다. 그의 캠프에서 결신한 학생들은 IVF나 CICCU(케임브리지 기독연합) 등의 단체들에서 지도자가 되어 영향력을 발휘하였다. 수많은 청소년들이 내쉬의 사역을 통해 그리스도께 헌신하게 되었던 것이다. 그는 단호함과 친밀함, 영적 권위와 재치가 함께한 탁월한 멘토였다.

존 스토트는 방문 설교자로 설교를 했던 내쉬 목사의 설교를 인상 깊게 들었고, 그 날 밤 그리스도께 문을 열어드리는 사건이 일어났다. 내쉬는 그 후로도 5년 동안 매주 편지를 보내왔다고 한다. 내쉬는 전도여행을 다니는 동안에도 계속 편지를 썼다. 스토트에 따르면 내쉬 목사는 시간을 아끼기 위해 조명이 흐릿한 열차 승강장에서 작은 서류가방을 무릎 위에 올려놓고 편지를 썼다고 한다.

내쉬는 일류 사립학교 학생들만을 대상으로 사역했다고 한다. 그래서 비판을 받기도 했다. 그러나 그것은 그의 전략이었다. 교회와 국가의 미래 지도자들이 그들 학교에서 배출될 것이라고 믿었기 때문이다.

마이클 그린 교수는 특히 그가 기도의 사람이었다고 말한다. 그는 하나님께 기도할 때 그분이 자신과 같은 방에 계신 듯이 말했으며, 그러면서 '온 우주를 창조하시고 붙드시며 능력과 지혜가 있는' 친밀한 친구를 대하듯 얘기했다(152쪽). 그를 지켜본 사람들은 그의 기도와 사역의 능력은 서로 뗄 수 없이 연결되어 있다는 것에 감동을 받았다.

내쉬 목사는 십대일 때 그리스도를 자신의 구주로 영접했고, 그의 표현대로 "자신의 삶이라는 집의 모든 방문 열쇠를 넘겨드렸다"(158쪽). 사람들은 내쉬의 삶의 질과 그리스도의 대의를 향한 자발적인 헌신, 그 복종의 철저함과 깊이에 감탄하였다. 그에게는 주님을 향한 일편단심의 헌신이 있었다. 탁월한 멘토로서 그는 그의 시대와 다음 시대에 선한 흔적을 남긴 것이다.

독서일기는 일종의 정신의 이력서다. 책을 읽은 후 독서 발췌를 하거나 간단한 독후감을 남기면 독서 후에 남는 것이 있다. 나중에 글을 쓰는 데도 큰 도움이 된다. 독서일기는 일종의 독후 활동인 셈이다. 추천하고 싶은 독서 습관이다.

4부

행복한
책벌레를 위한
10가지 팁

01

마감 시간을
정하고 읽어라

한 *최고 경영자*는 독서의 마감 효과를 이용한다. 그는 비행기를 타기 위해 공항에 나가는 경우, 한두 시간 여유 있게 나가서 마감 시간을 정하고 한 권의 책을 독파한다. 해외에 나갈 때도 일정한 기간 동안 읽어야 할 책을 선정한 후 가지고 나가 반드시 읽고 돌아온다.

실용서를 읽을 때 마감 시간을 정해놓고 읽는 것은 효과적이다. 예를 들면 30분 동안 한 권 읽기 마감 시간을 정하고 책을 읽어보라. 30분의 데드라인을 정하고 독서하는 것이다. 우선 책을 편 후, 목차를 보고 서문을 읽고 결론이나 후기를 읽는다. 본문은 훑어보는 식으로 보되, 스키밍(skimming)과 스키핑(skipping)을 적절히 사용하면서 읽는다. 특히 각 문단의 첫 문장만을 읽어가는 방식을 쓰기도 한다.

사실 독서량이 많은 사람은 속독이 가능하다. 눈동자 훈련을 통해 독서 속도가 어느 정도 빨라지기는 하지만 한계가 있다. 꾸준하게 읽다보면 나름대로 요령도 생기고 다양한 독서기술을 자기 것으로 만들 수 있다.

마감 시간을 정한다는 것은 의도적으로 속도를 높인다는 의미도 있다. 책 한 페이지를 읽는데 1분 이상 걸린다면 300페이지를 읽는데 약 5시간이 걸린다. 그러나 집중해서 핵심을 읽는 법을 배우면 두 세 배 이상의 속도로 읽을 수 있다.

한 신문사의 편집부 기자는 편집부에서 매일 A4 용지 10장 정도 분량의 기사를 읽는다. 마감 시간이 되면 짧은 시간에 집중해서 원고를 읽고 제목을 달아야 한다. 예를 들어 A4용지 한 장 분량을 읽고 이해하며, 핵심을 파악하는데 걸리는 시간이 30초 정도인 경우도 있다. 그 훈련을 10년 쯤 하면 글을 쑥 훑어만 봐도 내용을 알 수 있다고 한다.

독서력은 근력과 같아서 꾸준히 힘을 키워야 한다. 하루아침에 독서의 대가가 될 수는 없다. 뛰어난 독서가들의 노하우를 배우고, 그 장점을 익히며 따라가다 보면 좋은 독서 습관이 몸에 밴다. 마감 시간을 정하고 읽는 훈련도 마찬가지다. 5분, 10분의 시간이라도 마감 효과를 볼 수 있는 기회로 삼으라.

02
책 속에서 책을 만나라

독자라면 누구나 책을 읽다가 책에서 소개하는 다른 책을 찾아서 읽어본 경험이 있을 것이다. 책을 읽다가 이전에 알지 못했던 새로운 저자나 책을 만나는 것은 독서가 주는 즐거움과 행복 가운데 하나이다.

최고의 저자는 또한 탁월한 독자이기 때문에 그들의 책에는 주옥같은 양서들이 숨어 있다. 물론 절판되어 구하지 못하는 책들도 있다. 지역 도서관에 그 책이 있다면 그나마 다행일 것이다. 아직 번역되지 않은 책도 있겠지만.

책을 가까이하는 이들이 갖고 있는 공통된 습관 가운데 하나는 각주나 미주에 소개된 책을 살피는 일이다. 친절한 저자나 역자는 국내에 번역된 책의 경우, 번역본의 서명과 출판사까지 알려주는 배려를 아끼지 않는다. 참고도서 목록이 붙어 있다면 그야말로 보물 같은 정보가 아닐 수 없다.

사실 대부분의 저자는 그가 책을 통해 만난 멘토와 지혜자들을 독자들에게 알려주고 싶은 열망에 사로잡히곤 한다. 자신이 알게 된 정보와 경험한 체험을 나누어주는 것도 귀한 일이지만, 자신에게 결정적으로 중요한 의미가 있었던 책을 소개해 줄 때도 큰 보람을 느끼기 때문이다. 이때 독자는 진정으로 값없는 선물을 받는 것이다.

어떤 의미에서 책은 일종의 혈연관계처럼 얽혀 있다. 많은 책을 접하다 보면 저자 상호간에 영향을 주고받는 경우도 자주 본다. 이미 세상을 떠난 저자는 일방적으로 영향을 미친다고 하겠지만 동시대의 지식인과 저자는 알게 모르게 소통을 하고 있기 때문이다.

수많은 책 속에 미지의 저자들과 작가들이 독자를 기다리고 있다. 처녀림에 조심스럽게 첫 발을 들여놓듯이 책장을 펼쳐보라.

03

관심사에 따라
정기간행물을 구독하라

2009년 『문예연감』의 자료에 따르면 한국잡지협회와 국립중앙도서관에 납본되는 문학잡지의 수는 289종에 이른다. 그럼 한국 잡지 시장의 규모는 어느 정도일까?

한국잡지협회 자료에 따르면 2010년 11월 현재 한국에서 발행되는 잡지는 모두 4368종에 달한다. 발행 기간을 기준으로 보았을 때 가장 많은 비중을 차지하는 것은 역시 월간지로 전체의 60%에 달한다. 잡지 내용별로 분류해 보면 문학지(6.75%), 종교지(6.30%), 시사지(4.25%), 문화예술지(4.05%) 등이 많이 발행되고 있다.

관심사나 전공에 따라 읽거나 구독하는 잡지가 사람마다 다르다. 디자인, 패션, 취미 잡지가 어떤 사람에게는 중요한 정보원이다.

헌책방에서 「내셔널지오그래픽」 같은 잡지를 찾는 사람도 있다. 「내

셔널지오그래픽」은 미국인들이 이사 갈 때 유일하게 싸들고 가는 책으로 유명하다. 숨겨진 모습을 사실감 넘치는 사진으로 재현해 내는 이 잡지는 세계 다큐멘터리 사진작가들의 이상이다. 독자들의 입장에서는 소장가치가 높은 잡지다.

미국의 주간잡지 「뉴요커」(The New Yorker)는 1925년 H. 로스에 의해서 창간된 잡지다. 대도시 뉴욕의 생활을 뛰어난 글과 사진으로 반영하는 잡지로 단편·미술평·만화 부문에서 높이 평가받고 있다. 판형은 사륙배판이다. 많은 작가, 만화가, 언론인 등이 이 잡지를 통하여 세상에 그 이름을 알리게 되었다고 한다. 예를 들면 작가로는 J. 오하라, J. 허시, L. 로스, E. B. 화이트, J. H. 업다이크, 만화가 J. 서버, S. 스타인버그 등이 이 주간지를 통해 필명을 세상에 알렸다.

현대는 정보의 시대다. 어제의 지식과 정보가 오늘은 벌써 낡은 것이 되어버리는 일이 흔하다. 정보의 시대에서는 누가 더 새로운 정보를 많이 알고 있느냐에 따라 성공과 실패가 결정된다. 잡지는 주로 대중을 상대로 신속한 정보를 제공하는 활자 매체이다. 잡지의 생명은 정보의 참신성에 있다. 잡지는 대중 잡지와 전문 잡지로 크게 나뉜다. 전문 잡지는 정독하는 것이 좋고, 대중 잡지는 산책하는 기분으로 필요한 기사를 골라 읽는 것이 좋다. 전문 잡지는 관심 있는 분야에 대한 폭 넓고 깊이 있는 정보를 얻기에 적합한 매체이다. 이와 같은 잡지에는 신문과 달리 무게와 깊이가 있는 기사를 실을 때가 많다. 이런 글은 주의를 기울여 꼼꼼하게 읽어야 한다.

04

독서 휴가를 즐기라

책을 읽음에 있어서 어찌 장소를 가릴 것인가 – 이황

휴가철에 사람들은 산으로, 바다로 떠난다. 삶의 무게에 눌려 지내
다가 다만 며칠이지만 일상의 긴장에서 벗어날 수 있다는 기대감에 여
행 지도를 펼치기도 한다. 하지만 주어진 휴가 기간을 어떻게 보내야
할지 고민하는 사람들도 있다.

휴가는 일과 가사에서 벗어나 일정기간 동안 쉬는 시간이다. 몸과
마음에 긴 호흡의 기회를 주고, 재충전의 틈을 얻는 호기이다. 주어진
날들은 '잠시 멈춤'의 시간이 될 수 있고, 자기성찰을 위한 기회도 될
수 있다. 그러나 사람들은 때때로 무리한 일정으로 쉼을 누리기보다
는 오히려 가중된 피로감만을 안고 집으로 돌아온다.

이제 휴가는 우리가 창조적으로 누려야할 생활 문화의 한 부분이다. 특히 메마른 지성과 감성의 뜰에 정신적 자양분의 단비를 공급해 줄 수 있는 기간이다. 휴가는 우리에게 생각할 수 있는 시간과 공간을 줄 수 있고, 우리는 이 기회를 통해 책과의 여행을 즐길 수 있다. 책과 함께 보내는 휴가는 도전해 볼만한 가치가 있다. 따라서 평상시에 읽고 싶었던 책을 옆에 두고 '독서휴가'를 계획하는 것은 창조적인 발상의 전환이 아니겠는가.

일찍이 우리 문화의 전성기였던 세종 때에는 '사가독서'(賜暇讀書)라는 게 있었다. 나라에서 말미를 주어 관리에게 책을 읽게 하는 제도다. 세종은 이에 앞서 집현전을 설치하고 인재를 양성하려고 했으나 대부분이 조정 업무에 시달려 학문에 전념하지 못하는 것을 보고 재주 있고 행실이 좋은 젊은 선비들에게 긴 휴가를 주어 집에서 편안하게 글을 읽게 한 것이다. 이것을 '장기독서휴가'라고도 했는데 여기에 뽑히면 장래가 보장되어 모두들 부러워했다.

영국에서는 빅토리아 여왕 치하에 '셰익스피어 휴가'(Shakespeare Vacation)로 불렸던 독서휴가제도가 있었다. 중요한 정책을 결정하는 공직자들에게 3년에 한번 꼴로 한 달 남짓의 유급휴가를 주었다. 이때 주로 셰익스피어 작품 5편을 선택해 정독하게 하고 독후감을 써내도록 했다고 한다.

아브라함 링컨도 휴가나 여가시간을 독서에 투자하였다. 그는 "자기가 읽은 책과 자신이 만난 사람과 우연한 사건들로부터 배우려는 습관을 길렀다"(W. 클레멘트 스토운). 윌리엄 바클레이에 의하면, 독서는 사람을 편협함에서 구출해준다. 그리고 책을 읽는다는 것은 "마음의 곳간을 채워 주는 일임에 틀림없다."고 했다.

독서는 휴가 기간 동안에 각자의 삶의 자리에서 '위치 확인'을 할 수 있도록 도와줄 수 있다. 높은 이상으로 헌신한 사람의 전기, 현대문화 속에서의 자기 정체성을 일깨워주는 책, 그리고 따뜻한 감성을 소생시키는 시집과 수필 등, 사실 우리 곁에는 숨어있는 좋은 책들이 많이 있다. 휴가 기간을 이용해 책과 함께 독서여행(박물관 견학)을 하거나 독서 캠프에 참여하는 것도 좋을 것이다.

05

친구들과
독서 모임을 만들라

독서 모임은 하나의 '조직'이다. 조직이라는 말은 여러 가지 의미로 사용된다. 왜 사람들은 조직을 필요로 하는가? 어떤 일을 성취하려는 욕구가 있을 때 사람들은 조직의 필요성을 느낀다. 조직 안에서 구성원들이 상호관계를 잘 맺고, 각자의 역할을 잘 감당할 때 그 조직의 목표는 효과적으로 성취된다.

독서 모임이란 일정한 수의 회원이 자발적으로 책을 함께 읽기 위해 정기적으로 모임을 갖고, 독서 감상문을 발표하며, 전인적 성숙을 위해 독서를 중심으로 한 교제를 갖는 모임을 가리킨다.

따라서 독서 모임은 기본적으로 세 가지 원칙을 전제로 한다.

첫째, 자발성의 원칙이다. 회원들의 자발적인 의욕과 동기가 있어야 한다.

둘째, 적극적 참여와 책임감의 원칙이다. 회원으로서의 적극적인 태도와 책임의식이 요구된다.

셋째, 성숙을 위한 교제의 원칙이다. 소그룹으로 운영하는 경우, 회원 간의 인간관계는 매우 중요하다. 특히 그리스도인 중심의 독서 모임은 신앙 안에서의 깊이 있는 사귐(코이노니아)과 섬김이 이루어지도록 피차 노력해야 한다.

독서 모임의 필요성

독서 모임은 왜 필요할까? 개인적인 독서행위로도 충분하지 않을까? 그러나 그렇지 않다. 독서 모임 은 다음과 같은 이유에서 필요하다.

1) 개인적 취향의 독서는 '균독'이 아닌 '편독'으로 기울어질 수 있다.
2) 혼자서 책을 찾아 읽는 독서는 독서에서 얻은 감상을 여러 사람과 나눌 수 있는 기회와 기쁨을 충분히 주지 못한다.
3) 개인적인 독서는 다른 사람의 관점을 통해 발견되는 통찰을 충분히 얻지 못한다.
4) 독서 모임은 독서의 방향과 균형을 제공해준다.
5) 독서 모임은 독서에 대한 강한 동기와 의욕을 심어 준다.
6) 독서 모임은 독서에서 얻은 지식과 지혜를 함께 나누는 경험을

제공해준다.

7) 독서 모임은 그리스도인의 전인적 성장에 필수적인 '평생교육'의 한 방편이 될 수 있다.

8) 독서 모임은 개인의 성숙뿐만 아니라 가정의 건강함과 교회의 본질 회복을 위해서도 중요한 역할을 할 수 있다.

9) 독서 모임은 미래의 지도자를 키우는 요람이 될 수 있다.

10) 독서 모임은 소그룹을 통한 역동적 자극과 격려와 도전 그리고 치유를 제공해 줄 수 있다.

06
독서 토론을 하라

독서운동가 허병두 씨는 말하기를, "자신과 생각을 나눌 만한 사람들과의 만남, 그리고 진지하고 유쾌한 대화와 토론은 생각하는 힘을 길러 준다. 그러니 사람들과 진지하게 만나라. 유쾌하게 대화하라. 토론하라."고 했다.

토론은 "자기의 의견을 합리성과 정당성을 갖추어 상대에게 효과적으로 주장하는 설득 행위"이다. 따라서 자기의 의견을 논리적으로 잘 정리하여 표현하는 것이 중요하며, 필요하다면 각종 관련 자료들을 가능한 한 많이 수집하여 활용해야 한다.

그러나 토론은 자신의 의견을 일방적으로 주장하는 행위가 아니다. 또한 지적 우월성을 과시하며 상대를 망신 주려는 말싸움도 아니다. 그러므로 토론은 어디까지나 자기 생각을 설득력 있게 주장하되, 그

것이 좀더 성숙하게 발전될 수 있도록 늘 열린 사고, 능동적인 자세를 가져야 한다. 한마디로 토론은 지혜의 겨루기와 나누기이다.

독서 토론이란 무엇인가?

독서 토론은 "책을 읽고(독서), 서로의 의견을 나누는(토론) 언어활동이다." 즉, 특정 도서를 선정하여 핵심 논제들을 추출한 다음 각자 이해한 바를 토대로 서로 의견을 나눔으로써, 토론 대상인 책에 대한 자신의 이해를 높이고자 하는 집단 활동이 바로 독서 토론이다. 따라서 독서 토론은 어떤 책을 읽고 그 핵심 사항들에 관해 폭넓고 깊이 있게 이해하고 표현하는 활동으로서 참여자의 독해력과 사고력, 표현력과 청취력을 높여주는 종합적 지적 활동이다.

독서 토론의 유익

- 토론의 준비 과정에서 책에 대한 이해를 깊게 할 수 있다.
- 좋은 책에 대한 정보를 서로 교환할 수 있다.
- 논리적인 사고력과 의사 표현의 순발력을 기를 수 있다.
- 다른 사람의 의견을 들어봄으로써 자기 생각의 옳고 그름을 판단할 수 있다.

이러한 독서 토론의 효과는 다음과 같다.

1) 책에 대한 여러 가지 다양한 해석을 쉽게 접함으로써, 개인적인 책 읽기에서 흔히 빚어질 수 있는 피상적이고 독단적인 이해의 위험을 극복할 수 있다.
2) 좋은 책을 골라 정밀하게 읽는 능력과 자세를 키울 수 있다.
3) 자기 의사를 논리적이고 효율적으로 표현할 수 있는 능력과 상대의 의견을 존중하며 듣는 자세를 키울 수 있다.
4) 합리적인 이성을 중시하는 토론 과정을 통해 참가자 각자의 민주적 소양을 기를 수 있다.

독서 토론은 어떻게 하는가?

독서 토론 참여자들은 책의 내용을 철저히 이해하여 논쟁의 주제들을 깊이 있게 토론하려고 힘써야 한다. 또한 스스로 토론 주제를 찾아낼 수 있는 능동적 수준에 이르도록 부단히 노력해야 한다.

그러면, 바람직한 독서 토론을 진행하기 위해서는 구체적으로 어떻게 해야 할까? 몇 가지 측면에서 살펴보자.

첫째, 도서 선정을 한다.

일반적으로 양서를 택하면 무난하다. 그러나 자신의 이해 수준과 흥미 정도를 고려하여 독서 토론에 적절한 책인지를 결정해야 한다. 이른바 '권장도서'라고 제시되는 책들의 목록은 대개 지나치게 어렵거나 획일적이어서 문제가 많다. 특별한 영재교육의 차원이 아니라면 독서 토론은 아동(학생) 위주로 진행되어야 한다.

둘째, 논제를 찾는다.

토론할 가치조차 없는 지엽적이고 기초적인 논제들을 선정하면 비생산적인 말장난을 하고 마는 경우가 생긴다. 학생들의 독서 토론에서는 더욱 문제가 심각하다. 따라서 다음과 같은 측면에서 논제를 찾아야 한다.

- 잘 이해가 안 되는 부분들과 중요 개념들에 대한 점검.
- 선정된 책의 배경(즉 그 책이 나오기까지의 전후 배경).
- 그 책의 저자가 갖고 있는 문제의식의 이모저모.
- 주제에 대한 저자의 접근 태도와 해결 방식의 장단점.
- 관련 분야의 의의, 문학의 경우라면 문학사적 의의 등.

우리의 고전 작품들도 독서 토론을 하면 매우 흥미 있게 감상할 수 있다. "심청은 과연 효녀인가?", "놀부는 과연 악인인가?", "온달은 과연 바보인가?", "춘향은 과연 정절녀인가?" 등의 주제는 흥미 있는 토론을 위해 적합하다.

셋째, 참여자를 정한다.

토론 참여자는 가능한 한 자원자를 원칙으로 하는 것이 좋다. 특히 발제자를 정하여 토론하면 효과적이다. 여기서 발제자란 논제를 정하여 토론을 유도하는 주제 발표자를 뜻한다. 구체적으로 발제자는 우선 전체 대의나 줄거리를 요약해서 말한다. 그런 다음 논제(또는 논점)를 제시한다. 논제는 가능한 한 미리 발표하고, 적절한 자료가 있다면 적극적으로 제공한다.

넷째, 토론을 이끌어 갈 사회자를 정해야 한다.

사회자는 사전에 토론의 논제와 종류, 규칙들을 참여자들과 결정하여(또는 참여자들에게 설명해주어서) 독서 토론을 효과적으로 진행해야 한다. 사회자는 적절한 질문과 요약으로 참여자들의 발언들을 잘 정리하여 토론이 논제에서 벗어나지 않도록 노력해야 한다. 어느 정도 토론이 진행되었다고 생각되면 그때까지 나온 의견이나 제안 등을 종합·요약하여 결론을 맺게 한다.

독서 토론에 참여하는 사람은 모임 전에 책을 완전히 그리고 자세히 읽어야 한다(최소한 두 번). 연필을 들고 중요한 대목에 밑줄을 그으면서 책을 주의 깊게 읽은 후에 자신에게 흥미 있는 주제를 다시 생각해보아야 한다. 중요하다고 생각되는 관념, 이해하지 못하는 대목이나 어휘를 기록해 두어야 한다. 그리고 자신의 생각이나 진술을 논리적으로 뒷받침할 수 있어야 한다.

독서 토론은 효율적인 독서를 위해 빼놓을 수 없는 활동이다. 독서 토론은 단순한 말싸움이 아니다. 따라서 토론에 임할 때 논리적 대처 능력을 기르려할 뿐만 아니라, 정상적인 가치관을 가진 올바른 자아로 성장할 수 있도록 스스로 노력해야 한다.

최상의 번역서를 찾아라

우리나라는 번역도서의 천국이라고 한다. 한 통계에 따르면 한국에서 발행된 책 중 번역서 비율이 약 30%로 세계 1위를 기록했다. 일반 단행본 가운데 외국 번역도서의 출판시장 지배율이 50% 이상으로 추정된다.

그런데도 번역서를 읽다가 실망하거나 때로는 짜증이 난 경험이 틀림없이 있을 것이다. 수년 전 영미문학회에서 검토한 572종의 번역 문학서 중 신뢰도가 매우 높다고 평가한 책은 단 6종에 불과했다. 이처럼 잘못된 번역과 날림 번역이 심각한 수준이다.

학자들은 연구 업적 평점이 낮은 번역 작업을 기피한다. 번역서는 많지만 몇몇 나라의 상업적인 책에 치중되어 있고, 번역 출판의 속도는 세계 최고이지만 번역의 질은 담보되지 않고 있다. 또한 시장의 수

요가 없어서 아직까지 번역되지 못한 고전과 명작들이 수없이 많다.

그럼 좋은 번역서는 어떤 원칙을 통해 나올까? 최고의 번역가 중 한 사람인 안정효는 생전에 좋은 번역의 원칙 몇 가지를 제시했다.

첫째로 번역의 승부는 결국 '어휘'가 결정한다. 따라서 너무 빈번하게 사용되는 단어들, 가령 '있다', '것', '너무' 등의 어휘는 가능하면 없애고 다른 단어로 바꾸어준다. 그리고 무의식적으로 자주 사용하는 단어는 없는지 항상 점검하면서 감시를 게을리하지 말아야 한다.

둘째로, 문체를 번역한다. 문체는 원문의 것을 그대로 따라가도록 한다. 빈 칸과 공간, 어투 모두를 번역해야 한다. 문체는 반드시 원저자의 느낌을 살려주어야 한다. 제멋대로 문단을 나눈다던가, 긴 문장을 잘라서 짧은 문장으로 바꾸는 행위는 삼가야 한다.

셋째로, 원문의 상황을 머릿속에서 떠올리고 우리말에 어울리는 표현으로 바꾸어주도록 한다.

넷째로, 각자가 번역을 할 때 적용할 원칙을 만들어야 한다. 문화의 차이에서 오는 여러 가지 것들을 다루는 원칙들을 정해두어야 한다. 가령, 'back'이라고 할 때 원어로는 등이지만 우리는 등이 아프다고 하지 않고 허리가 아프다고 말한다.

다섯째, 번역은 창작이 아니다. 번역은 제2의 창작이라면서 마음대로 문장을 절단 내고, 이어붙이고, 어려운 단어를 빼먹고, 원문에 나오지도 않는 멋진 표현을 보태는 행위를 삼가야 한다. 눈에 보이지 않는 번역가가 가장 훌륭한 번역가이다.

여섯째, 원문을 덮어두고 우리말을 다듬는다. 일단 한 번 번역을 하고 나면, 우리말만 보면서 부드럽게 연결이 되는지 살펴보는 과정을 거쳐야 한다. 번역을 마친 뒤에는 잠시 그 책을 치워두고, 시간이 지난 뒤에 원문의 내용이 어느 정도 사라지고 나면 우리말만 보면서 정리를 해야 한다.

일곱째, 번역은 시각적인 음악이다. 문장에서는 글자만 의미를 담지는 않는다. 공백도 의미이기 때문에 빈 칸도 번역해야 한다. 길고 짧음은 문장에서도 음악이다. 문장의 길이는 분위기의 강도를 나타낸다. 이러한 원칙을 따른다면 좋은 번역이 나올 것이다.

현재 유통되는 번역서 중 1급의 번역서에는 어떤 책들이 있을까?

포우 단편집 중에는 김진경이 번역한 『**도둑맞은 편지**』(문학과 지성사, 1997)가 가장 우수하고 원작을 최대한 존중한 번역으로 평가받고 있다.

『**위대한 개츠비**』(The Great Gatsby)는 김욱동이 번역한 민음사 판(2003)이 원전에 충실하며 가독성이 탁월하여 추천할 만한 유일한 판본이다.

『**노인과 바다**』(The Old Man and the Sea)는 황동규 역, 샘터판이 여타 번역본에 비해 가장 뛰어난 역본으로 가독성, 정확성, 충실성 면에서 원작의 작품성을 살려 추천할 만하다.

『분노의 포도』(The Grape of Wrath)는 김병철 역, 삼성출판사 판(1992)이 원전에 비해 누락 및 첨가가 없고 번역 상 문제점이 적다.

『캔터베리 이야기』(The Canterbury Tales)는 김진만 역 문공사(1982), 범한출판사(1982), 학원출판공사(1987), 탐구당(1998) 판은 대단히 우수한 번역본이다. 이동일, 이동춘 역 한울 판(2001) 역시 우수한 번역본이다.

『실낙원』(Paradise Lost)은 이창배 역 범우사판(2002) 및 동국대출판부 판(2000) 모두 추천할 만하나 범우사 판이 가독성이 좋다. 조신권 역 삼성출판사 판(1985)은 주석이 훌륭하고, 최창호 역 박영사 판(980)은 원전의 호흡을 살리면서도 쉽게 읽히는 것이 장점이다.

『로빈슨 크루소』(Robinson Crusoe)는 아동문학으로 알려져 있지만, 18세기 특유의 문어체와 긴 호흡으로 인해 번역이 어려운 텍스트다. 추천할 만한 번역이 없지만, 그래도 김병익 역 문학세계사(1993)판이 원전에 충실하며 문장이 매끄럽다.

『오만과 편견』(Pride and Prejudice)의 경우, 오화섭 역 범우사 판(2001)본이 줄거리 전달에 문제가 없는 번역이며, 박진석 역 을유문화사 판(1997)은 오화섭 역본과 유사한 정도의 번역 수준을 보인다.

『올리버 트위스트』(Olive Twist)를 문학 작품에 준하여 이해하기 위해서는 유혜준 역 창작과 비평사 판(1996)이 유일하게 추천할 만하다.

『제인 에어』(Jane Eyre)는 유종호 역 동화출판사(1973), 이군철 역 삼성출판사(1985), 윤기호 역 학원사(1982, 1986) 판이 충실한 번역에 속한다. 유종호 역본이 정확한 번역과 적합한 어휘 선택이 빛나지만 가독성은 떨어지는 편이다.

『**폭풍의 언덕**』(Wuthering Heights)은 번역본이 90종에 육박하나 신뢰할 만한 번역은 매우 적다. 김종길 역 학원출판공사(1988, 1993) 본이 뛰어난 편이고, 정금자 역 삼성출판사 본(1992)은 신뢰할 만하다. 유명숙 역 서울대학교 출판부(1998) 본은 원문에 대한 충실도가 가장 우수하다.

『**테스**』(Tess of the d'Urvevilles)의 번역본은 140종이 난무하고 있으나 추천할 역본은 김보원 역 서울대학교출판부(2000, 2001)가 유일하다. 원작의 의미를 충실하게 전달하며 주석도 우수하다. 삼성출판사(1992) 판도 원작을 이해하는 데 무리가 없다.

『**더블린 사람들**』(Dubliners)은 김정환, 성은애 역 창작과 비평사(1997) 본이 믿고 추천할 만하다.

『**젊은 예술가의 초상**』(A Portrait of the Artist as a Young Man)은 이상옥 역 민음사 판(2001)이 자연스러운 우리말 구사가 탁월하며 각주가 세심하여 제임스 조이스를 이해하기 수월하다. 김종건 역 고려대학교 출판부(1997), 범우사(1999) 판, 홍덕선 역 문학과 지성사(2002) 판 역시 훌륭하다.

『**아들과 연인**』(Sons and Lovers)은 정상준 역 민음사 판(2002)은 오역이 드물고 인용부호까지 원전에 충실한 번역이다.

『**등대로**』(To the Lighthous)는 김종운 역 삼성출판사 판(1979)이 간결

하고 시적인 문체가 추천할 만한 번역본이다.

『햄릿』(Hamlet)은 최재서 역 정음문화사 판(1983)이 까다로운 원문을 충실하고 정확히 번역하였고 오역이 없다시피 하며 우리말 표현 수준이 아주 높아서 단연 돋보인다.

각 출판사의 추천을 받은 90명의 현역 번역가들이 설문으로 뽑은 해방 이후 가장 뛰어난 번역서 순위는 다음과 같다.

1. 『**장미의 이름**』, 움베르토 에코, 이윤기 옮김 (열린책들, 1992 개정증보판)
2. 『**백 년 동안의 고독**』, 가브리엘 마르케스, 안정효 옮김 (문학사상사, 1973)
3. 『**카뮈 전집**』, 알베르 카뮈, 김화영 옮김 (책세상, 1987~)
4. 『**영혼의 자서전**』, 니코스 카잔차키스, 안정효 옮김 (고려원, 1981)
5. 『**문학과 예술의 사회사**』, 아놀드 하우저, 백낙청/염무웅/반성완 공역 (창작과 비평사, 1974~1981)

그리고 탁월한 번역가로 꼽히는 이들은 이윤기, 김석희, 김화영, 김난주, 안정효, 이세욱, 이재룡 등이다.

08

좋은 문장은
따라서 써보라

'필사'하면 작가 신경숙의 이름이 떠오른다. 선배 작가들의 작품을 필사하면서 문학수업을 했다는 일화는 유명하다. 김승옥 씨의 『무진기행』을 포함한 여러 단편들, 조세희 씨의 『난장이가 쏘아올린 작은 공』, 오정희 씨의 『중국인 거리』, 이청준 씨의 『눈길』등을 필사했다고 한다.

신경숙은 어려서부터 책 읽기를 좋아했다. 배나무 밭을 지날 때면 배를 쌌던 신문지 중에서 연재소설이 나오는 부분을 깨금발을 디뎌가며 읽었다. 세 살 터울의 오빠가 책 읽기를 좋아한 것이 영향을 끼쳤다. 책이 귀한 시골(정읍)에서 어디선가 끊임없이 책을 빌려 왔다. 처음엔 만화책이었다. 셋째 오빠의 등 뒤에서 책을 읽기 시작했으나 나중엔 오빠보다 더 책을 탐하게 되었다. 오빠가 어디선가 책을 가져오기만 하면 그 책을 가지고 오빠가 자신을 찾을 수 없는 곳으로 도망을 가서 읽곤 했다.

그렇게 책을 읽는 도중에 '아, 이런 글을 쓰는 사람들은 어떤 사람들일까' 궁금해졌다. 막연히 글 쓰는 사람을 동경하고 있던 마음이 여고 시절(산업체 특별학급)부터는 작가가 되어야겠다는 강력한 희망으로 변화되었다. 한 번은 무단결석으로 반성문을 써갔을 때(대학노트 거의 반이 채워진 작문?) 그걸 읽은 선생님이 "너는 소설을 써 보는 게 어떻겠냐?"고 하셨다.

이후로 그의 소망은 막연히 "글 쓰는 사람이 되고 싶다."에서 "소설가가 되어야겠다."로 바뀌었다. 노조가 생긴 후, 노조원들이 잔업 거부를 하는 여름방학 동안 멈춘 컨베이어 벨트 작업대 앞에서 조세희의 『난장이가 쏘아 올린 작은 공』을 노트에 옮기기 시작하였다.

신경숙은 서울예술전문대학에 입학한 후 한동안 대학생활에 적응을 못했다. 여름방학 때 고향 정읍에 내려가서 서정인의 『강(江)』을 읽다가 노트에 옮겨 적기 시작하였다. 그 여름을 온통 선배들의 소설을 옮겨 적는 일을 하며 지냈다(최인훈의 『웃음소리』, 김승옥의 『무진기행』, 이제하의 『태평양』, 오정희의 『중국인 거리』, 이청준의 『눈길』, 윤흥길의 『장마』 등).

그냥 눈으로 읽을 때와 한 자, 한 자씩 노트에 옮겨 적어 볼 때와 그 소설들의 느낌은 달랐다. 소설 밑바닥으로 흐르고 있는 양감을 훨씬 더 세밀히 느낄 수가 있었다. 필사를 하는 동안의 그 황홀한 체험은 살면서 무슨 일을 할 것인가를 각인시켜 준 독특한 체험이었다고 한다.

"방학이 끝났을 때 필사를 한 노트는 몇 권이 되었고, 그 노트들을 마치 내가 쓴 작품인 양 가방에 넣고 서울에 돌아왔다."

신경숙은 언제나 소설 가까이 가려고 했다. 돈을 모아서 책을 샀고 읽었고 썼다. 한 작가의 어떤 작품이 그녀를 매혹시키면 남산 시립도서관에 가서 그의 작품을 쌓아놓고 며칠이고 읽었다. 어떤 한 작가의 작품을 다 읽고 나면 한 세계를 얻은 듯이 충만했다고 한다.

손을 움직이면 뇌가 움직인다. 필사는 단순히 손으로 글을 옮겨 적는 일이 아니다. 나는 지금도 노트에 글을 쓸 때가 있다. 손맛이라고 할까. 글자 크기를 내 마음대로 바꾸면서 쓰기도 한다.

책을 보다가 명문장을 보면 지금도 가슴이 뛴다. 예전에 갈무리해 놓은 명언이나 아름다운 시들은 다시 보면 오랜만에 친구를 본 듯이 반갑다. 때로는 한 구절 명언이 가슴에 큰 울림을 가져다주기도 한다.

필사해서 보관한 글 중에는 이런 명언도 있다.

"경험은 글을 잘 쓰는 모든 이들의 안주인이다."

– 레오나르도 다빈치

"소매가 길어야 춤을 잘 추고, 돈이 많아야 장사를 잘하듯, 머릿속에 책이 5000권 이상 들어 있어야 세상을 제대로 뚫어보고 지혜롭게 판단할 수 있다."

– 다산 정약용

"사막이 아름다운 것은 그것이 어딘가에 우물을 감추고 있기 때문이야."
— 생텍쥐페리의 『어린 왕자』 중에서

"계단의 처음과 끝을 다 보려고 하지 마라. 그냥 발을 내딛어라."
— 마틴 루터 킹 목사

"더 나은 차원의 삶으로 향하는 길은 항상 오르막이다."
— 존 맥스웰

"책은 나의 담요이고, 모닥불이고, 때로는 몽둥이었다."
— 최성각(생태주의 작가)

"책의 죽음은 불가능하다. 너무나 많은 사람들이 그것을 너무나 좋아하기 때문이다."
— 에너 퀸들런(작가)

"책은 지성을 훈련시키고, 분별력을 키우며, 상상력을 펴서 창조적인 사람이 되게 한다."
— 벤 카슨(외과의사, 『Think Big』의 저자)

09

때때로 천천히 읽어라

독서 후 갖는 사색의 시간은 마음으로 책을 읽는 시간이다. 머리에 있는 지식과 정보를 마음속으로 받아들여 숙성시키는 작업이다. 진정한 의미에서 마음의 양식으로 만드는 시간이라고 할 수 있다.

실용서와는 다르게 읽어야 할 책이 있다. 잠언적 에세이가 대표적인 예이다. 유대교 신학자 아브라함 요수아 헤셸이나 가톨릭의 수도자 까를로 까레또의 글들은 천천히 읽어야 하는 종류에 속한다. 이런 글들은 천천히 음미하며 읽어야 그 진수를 맛볼 수 있기 때문이다.

장 피에르 드 코사드(Jean-Pierre de Caussade)는 천천히 읽고 묵상하는 법에 관하여 이렇게 충고하고 있다.

"지식적으로가 아니라 뜨거운 마음으로 각 주제에 접근하되 한 단어, 한 단어씩 차분한 마음으로 천천히 읽으라. 이따금씩 잠깐 쉬면서 이러한 진리들이 영혼의 가장 깊숙한 곳까지 스며들게 하라."

사상서나 종교서적 중에는 심오한 가르침이 들어 있는 책들이 있다. 이런 책들은 단숨에 꿀꺽 삼킬 수 없다. 책을 읽은 후 사색과 묵상의 시간을 통해 책의 내용을 우리 마음 안에서 숙성시키고 내면화시키는 작업이 반드시 필요하다. 사색과 묵상은 우리가 읽은 내용을 정신적 자양분으로 섭취하는 과정이기 때문이다. 조용히 쉬면서 묵상하는 시간에 그 가르침이 우리 마음에 스며들게 하라.

영성가 헨리 나우웬에 따르면, "우리가 영적인 글을 영적인 방법으로 읽기 위해서는, 이것을 단순히 읽을 뿐만 아니라 그 글에 의하여 우리 자신이 읽혀져야 한다는 마음가짐이 우리에게 있어야 한다." 이런 종류의 책 읽기는 우리가 그 글을 점령하기보다는 그 글의 내용에 점령당하기 위해 읽는 것이라고 말할 수 있으리라.

『영적 독서를 위한 지침서』를 쓴 수잔 무토(Susan Annette Muto) 교수는 정독용 독서와 영적 독서를 비교하면서 영적 독서를 위해서는 파고들기보다는 곰곰이 생각하고, 분석하고 비판하기보다는 우리가 읽는 것을 우리의 삶에 연관시키는 데 힘써야 한다고 하였다. 수잔 무토에 따르면 영적 독서는 슬픔 중에 있는 독자를 위로할 수 있고, 그의 기쁨을 심화시킬 수 있고, 변화를 촉진할 수 있으며, 삶에 대한 반성과 성찰을 도모할 수 있게 한다.

이러한 깊은 수준의 독서를 위해 그는 몇 가지 지침을 제시하고 있다.

첫째로, 정보를 얻는 독서를 대하는 태도와는 다소간 다른 자세를 발전시켜야 한다. 즉 천천히 읽으며 묵상하는 습관을 키워야 한다.

둘째로, 규칙적으로 매일 읽기 위해 시간을 따로 정해야 한다. 최소한 일주일에 3회 이상 15분~20분 정도의 시간을 마련해야 한다. 동시에, 방해받지 않는 공간이 있어야 한다.

셋째로, 기록(메모)을 남기는 것이 중요하다. 밑줄을 긋고, 책의 여백에 떠오르는 생각과 느낌을 메모하면 도움이 된다. 따라서 끈기를 가지고 계속하는 것이 중요하다.

넷째로, 독서 노트(reflective reading notebook)를 가지고 독서를 해야 한다. 독서에 관한 노트를 읽는 것은 우리에게 새로운 영감을 줄 뿐만 아니라 우리 자신에 관하여 배우는 방편이 될 수도 있다. 기록을 할 때는 완벽을 추구하지 말아야 한다. 그리고 '대화'(dialogue)식으로 기록하는 것이 좋다.

다섯째로, 독서 후에 다른 사람들과 나누는 시간을 갖는다. 한 달에 한 번 정도(3~4주에 1회) 만나서 45분 내지 1시간 동안 서로 나누는 모임을 만들 수 있다. 참가자 중 한 사람이 모임의 리더로 봉사해야 한다. 이 모임에서는 특정 본문을 큰 소리로 읽는 것으로 시작할 수 있다. 그리고 나서 참석자들이 생각을 정리하고 방금 읽은 내용에 집중

할 수 있도록 몇 분 동안 침묵의 시간을 갖는다. 이어서 모임의 리더가 토론을 시작한다. 원활한 진행을 위해 4~5개의 흥미 있는 질문을 적은 종이 한 장을 준비한다. 말할 준비가 되어 있지 않은 참석자에게 이런 질문들은 도움이 된다.

사색하며 천천히 읽으려면 어떤 책을 읽어야 할까? 일반적으로 고전으로 인정되는 책이나 종교도서 중에서 선택할 수 있다. 영어권에는 일기문학(Journal)이 문학의 한 장르인데, 탁월한 일기문학도 사색적 독서에 도움이 된다.

속도보다 방향이 중요하다는 말이 있다. 이 말을 독서에 적용하면 우리는 바른 방향에 서 있는지를 확인하기 위해 때때로 천천히 읽으며 자신을 돌아봐야 한다. 내면이 충실하지 못한 상태에서 이룬 성공은 좌초되기 쉽다. 삶의 깊이를 더하는 책을 천천히 읽어야 하는 이유가 여기에 있다.

10

꿈꾸기 위해 독서하라

한 기업의 CEO가 취업을 하지 못하는 젊은이들에 관하여 언급하며, "참 불행한 일"이라고 했다. 그러나 그보다 더 슬픈 일은 많은 젊은이들에게 꿈과 비전이 없다는 사실이라고 했다. 대학을 졸업한 후 대출 받은 등록금을 갚기 위해 닥치는 대로 일을 한 한 청년은 "이게 사는 건가?"라는 생각이 들었다고 한다. 청년들이 미래를 꿈꾸지 못하는 상황으로 몰리는 비극은 이제 멈춰야 한다.

독서를 강조하는 이들은 공통적으로 독서에서 꿈을 찾을 수 있다고 말한다. 특히 청년들의 진로와 미래 설계에서 독서가 차지하는 의미는 매우 크다고 할 것이다. 왜냐하면 청년기는 인생 전체로 볼 때 인생의 방향을 설정하는 결정적 시기이기 때문이다.

비전이란 무엇인가? 비전은 보는 것이다. 남이 볼 수 없는 것을 보는 것이다. 보는 것은 생각하는 것과 밀접한 관련이 있다. 보는 것은 생각하는 것을 반영하기 때문이다. 우리는 보는 것을 얻게 되고 보는 것을 성취하게 된다. 비전이 있는 사람은 전체를 볼 줄 아는 사람이다. 그렇다면 우리는 언제, 어디서, 어떻게 비전을 소유하게 되는가?

많은 이들이 책을 통해 비전을 갖게 되었다. 이랜드 그룹 박성수 회장은 대학생 시절 근무력증으로 수년간 누워서 지낼 수밖에 없었다. 그는 절벽에 서 있는 것처럼 캄캄한 절망을 느꼈다. 병이 심해지자 그는 계단을 오를 힘조차 없었다. 이불도 무거워서 덮고 잘 수 없었으며 심지어 볼펜을 들 힘조차 남아있지 않았다.

치료를 위해 척수액을 뽑은 뒤에는 보름 동안 누워 지내며 후유증에 시달려야 했다. 밥을 먹을 때에도 척수보다 머리가 높으면 몸 전체에 심한 통증이 왔으므로 침대 밑에 밥상을 가져다 놓고 침대에 엎드린 채 목만 아래로 내밀어 밥을 먹어야 했다. "이렇게 살아 무엇하나…." 그때마다 그는 하염없이 눈물을 흘리곤 했다.

그러나 그는 손에 책을 들었다. 그가 할 수 있는 일은 책을 읽는 일뿐이었다. 투병 기간 중에 그는 3천 권 정도의 책을 읽었다. 독서를 통해 그는 비전을 갖게 되었고, 지도자와 기업인으로서 자질과 지식을 얻을 수 있었다. 박성수 회장은 이렇게 말한다.

"책은 호기심이 떨어지기 전, 즉 3일 이내에 끝내라."
"감수성이 쇠퇴하는 40세 이전에 많이 읽어라. 그 뒤에는 아무리 많이 읽어도 충격적인 내용 외에는 잘 기억나지 않는다."

자신의 책 『비전의 힘』에서 저자 마일즈 먼로는 비전이나 꿈을 가진
다는 것은 인간만이 지닐 수 있는 고귀한 특성이라고 말한다. 저자는
인간의 특성을 이렇게 정의하면서 자신의 책 속에서 독자들에게 질문
한다.

"당신이 죽을 때, 이 세상에 남겨두어야 하는 것은 은퇴 연금이 아
니라 당신이 이룬 삶의 목적이다. 당신은 인생의 종말이 왔을 때 예
수처럼 분명히 말할 수 있어야 한다. '다 이루었다.'(요 19:30)"

그러나 많은 사람들은 "나는 이제 은퇴했노라"는 말로 인생을 종결
시키고 있다. 이것은 최악이다. 우리의 꿈은 단순히 은퇴로 끝내버릴
수 있는 성질의 것이 아니기 때문이다.

꿈꾸기 위해 책을 읽으려면 독서를 통해 각자가 자신의 핵심 가치를
찾아야 한다. 즉, 올바른 과녁을 겨냥해야 한다. 그리고 자신의 강점
을 발견해야 한다. 성공한 사람들은 약점을 보완하려고 노력한 사람
이 아니라 강점에 집중한 사람들이다.

우리 머리로는 상상이 안 가는 어마어마한 꿈을 품기 원하는가? 책
의 세계로 들어가라. 생애를 던져 이룰만한 가치가 있는 엄청난 비전
을 원하는가? 그와 같이 도전의 삶을 산 사람들의 생애를 추적하라.

비전은 열정을 창출하고 열정은 비전을 성취한다. 꿈이 있는 사람은 날마다 목표를 세우고 행동한다. 비전 있는 사람은 모험한다. 꿈꾸기 위해 독서하라. 독서를 통해 비전을 품으라.

5부

독서로
성공한 사람들

01

헬렌 켈러

어둠에서
빛으로 인도한 독서

태양을 바라보고 살아라

그대의 그림자를 보지 못하리라.

고개를 숙이지 말라

머리를 언제나 높이 두라

세상을 똑바로 정면으로 바라보라.

나는 눈과 귀와 혀를 빼앗겼지만

내 영혼을 잃지 않았기에

그 모든 것을 가진 것이나

마찬가지이다.

고통의 뒷맛이 없으면
진정한 쾌락은 거의 없다.
불구자라 할지라도 노력하면 된다
아름다움은 내부의
생명으로부터 나오는 빛이다.

그대가 정말 불행할 때
세상에서 그대가 해야 할
일이 있다는 것을 믿어라
그대가 다른 사람의
고통을 덜어줄 수 있는 한
삶은 헛되지 않으리라.

세상에서 가장 아름답고
소중한 것은 보이거나
만져지지 않는다
단지 가슴으로만 느낄 수 있다.

이 글은 3중고의 어려움을 극복한 헬렌 켈러의 글이다.

신체장애자들에게 삶의 희망과 용기를 주는 빛의 천사 헬렌 켈러는 미국 남부의 부잣집 딸로 태어났다. 헬렌은 태어났을 때 인형처럼 예뻤다고 한다. 그런데 태어난 지 1년 3개월째 되던 어느 날 헬렌은 심한 열병을 앓았다. 그로 인해 그만 눈이 멀고 아무 소리도 들을 수 없게 되었다. 보통 아기 때 귀머거리가 되면 말을 배울 수가 없다. 그래서 헬렌은 말도 할 수 없는 벙어리가 되었다.

소녀가 된 헬렌은 마음에 들지 않는 일이 있으면 손발을 버둥거리거나 난폭하게 굴었다. 때로는 짐승처럼 소리를 지르기도 했다. 헬렌은 식탁에서의 예절을 알지 못했다. 그래도 헬렌의 부모는 어찌할 수 없었다. 단지 불쌍한 헬렌을 바라보며 눈물만 흘릴 뿐이었다.

헬렌이 일곱 살 때, 그의 부모는 헬렌을 위해 가정교사를 두기로 했다. 멀리 보스턴의 맹아학교에서 설리반이라고 하는 젊은 여선생을 모셔왔다. 하지만 사람의 모습을 하고 있으면서 짐승처럼 행동하는 헬렌을 가르치는 일은 쉽지 않았다. 모든 사물에는 이름이 있다는 것을 어떻게 가르칠 것인가? 하늘과 바람과 물을 어떻게 이해시키고 가르칠 것인가?

설리반 선생은 마음속으로 헬렌을 사랑했다. 헬렌의 손바닥에 같은 글자를 몇 번이고 되풀이해가며 써서 가르쳤다. 설리반은 여러 가지 방법을 동원하여 끈기 있게 한 가지씩 가르쳐서 헬렌의 마음의 눈을 뜨게 해주었다. 헬렌은 회상하기를 "맨 처음 손가락 끝으로 아는 글자를 만났을 때의 기쁨은 숨바꼭질에서 숨은 아이를 찾아냈을 때의 기뻠과 같았다."라고 했다.

설리번 선생의 도움으로 헬렌은 대학교까지 갈 수 있었다. 그는 특히 문학 작품을 통해 놀라운 신세계를 만나게 되었다.

"문학은 내게 유토피아입니다. 여기에서는 권리를 박탈당하지 않습니다. 그 어떤 감각의 장애도 책 속의 벗들과 나누는 달콤하고 우아한 대화를 가로막지는 못하죠. 책의 벗들은 당황하거나 어색함 없이 내게 말을 겁니다."

헬렌 켈러는 점자책이 닳아서 읽을 수 없을 지경이 될 때까지 읽었다.

"내가 책에 얼마나 많은 신세를 졌는지는 이루 다 말할 수 없다. 기쁨이나 지혜뿐만 아니라, 일반 사람들이 눈이나 귀로 얻는 지식까지도 나는 책에서 얻었다. 그 만큼 나의 배움에서 책은 보통 사람보다 훨씬 큰 의의를 지니고 있다. 내가 처음으로 이야기책을 읽은 것은 1887년 5월, 내 나이 7살 때였다.

그 후로 오늘에 이르기까지 손가락 끝에 닿는 책은 모조리 읽었다. 처음에는 몇 권의 점자책 밖에 갖고 있지 않았다. 그 책들의 점자가 닳아서 읽을 수 없을 지경이 될 때까지 반복하여 읽었다. 내 마음에 드는 책은 몇 번이고 암기할 정도로 읽었다."

헬렌 켈러는 항상 손에 책을 들고 있어야 마음의 안정을 찾을 수 있었다. 그것은 자신의 간절한 소망이 책을 통해 이루어졌기 때문일 것이다. 대학교를 졸업한 다음, 눈과 귀가 부자유스러운 사람들을 돕는 일에 헌신하였다. 또한 헬렌은 강의를 하러 다니기도 하고 책을 써내기도 했다.

헬렌 켈러는 비장애인처럼 모든 것을 보고 듣지는 못했지만, 그만의 뛰어난 촉각과 후각으로 주변의 세계를 누리며 살 수 있었다. 무엇보다도 책을 읽을 수 있다는 것은 기적 같은 행운이었다. 그는 그 기쁨을 이렇게 표현했다.

"금방이라도 대지의 모든 사슬을 끊어 버리고 하늘로 오를 것만 같았다. 독서하다 보면, 나는 내가 장애자라는 것을 정말 느끼지 못했다. 내 영혼이 훨훨 하늘을 날아오르는 것 같은 희열감을 느낀다."

헬렌은 이렇게 말한 적이 있다.

"세상이 도대체 나에게 해준 것은 무엇일까 생각해 보았는데 세상은 매일 아침 나에게 '오늘'을 선물해 주더군요. 오늘도 난 24시간의 가능성을 선물 받았습니다. 이 무한한 가능성과 희망과 노력을 엮어 난 오늘도 날 변화시킵니다."

이러한 긍정적 사고방식은 아마도 독서를 통해 삶을 깊이 있게 이해한 통찰에서 나온 것일 것이다. 그래서 그는 "행복의 문 하나가 닫히면 다른 문들이 열린다. 그러나 우리는 대개 닫힌 문들을 멍하니 바라보다가 우리를 향해 열린 문을 보지 못한다."라고 말하기도 했다.

『3일 동안만 본다면』이라는 책에서 헬렌 켈러는 이렇게 자기의 소원을 고백한다.

"만약 내가 이 세상을 사는 동안에 유일한 소망 하나 있다고 하면
그것은 죽기 직전에 꼭 3일 동안만 눈을 뜨고 보는 것이다.

만약 내가 눈을 뜨고 볼 수 있다면 나는 나의 눈을 뜨는 그 첫 순간 나를 이만큼 가르쳐주고 교육을 시켜준 나의 선생 설리반을 찾아가겠다. 지금까지 그의 특징과 얼굴 모습을 내 손끝으로 만져서 알던 그의 인자한 얼굴 그리고 아리따운 몸매 등을 몇 시간이고 물끄러미 보면서 그의 모습을 나의 마음속 깊이 간직해 두겠다. 다음엔 친구들을 찾아가고, 그 다음엔 들로 산으로 산보를 가겠다. 바람에 나풀거리는 아름다운 나뭇잎사귀들, 들에 피어 있는 예쁜 꽃들과 풀들, 그리고 저녁이 되면 석양에 빛나는 아름다운 노을을 보고 싶다.

다음날 이른 새벽에는 먼동이 트는 웅장한 장면, 아침에는 메트로폴리탄에 있는 박물관, 오후에는 미술관, 그리고 저녁에는 보석 같은 밤하늘의 별들을 보면서 하루를 지내고, 마지막 날에는 일찍 큰길가에

나가 출근하는 사람들의 얼굴 표정들을 바라보고, 아침에는 오페라 하우스, 오후엔 영화관에서 영화를 감상하고 싶다. 그러다 어느덧 저녁이 되면 나는 건물의 숲을 이루고 있는 도시 한복판으로 나와서 네온사인이 반짝거리는 거리, 쇼윈도에 진열돼 있는 아름다운 상품들을 보면서 집에 돌아와 내가 눈을 감아야 할 마지막 순간에 이 3일 동안만이라도 볼 수 있게 하여준 나의 하나님께 감사한다고 기도를 드리고 영원히 암흑의 세계로 돌아가겠다."

세상에서 가장 최선이고 아름다운 것은 보이지도 들리지도 않을 수 있다. 그러나 마음속에서는 느껴져야 한다. 헬렌 켈러는 독서를 통해 눈으로 볼 수 없는 세계를 느낄 수 있었고 진정한 행복을 만끽할 수 있었다.

02

벤저민 프랭클린

도서관 운동을 펼친 책벌레

미국의 대표적 지성 가운데 한 사람인 벤저민 프랭클린(1706~1790)은 보스턴에서 양초 공장 사장의 아들로 자랐다. 아버지 조시아에게는 아이들이 열일곱 명이나 있었는데, 벤은 막내아들이었다. 벤저민은 영리했으며 무엇이든 열심히 배우려고 했다. 그리고 책을 손에서 놓는 법이 없었다.

"책을 읽지 않았던 날은 거의 없었던 것 같다."

이것은 프랭클린이 어린 시절을 떠올리며 한 말이다.

보스턴은 호기심 많은 소년 벤저민에게는 안성맞춤인 곳이었다. 바닷가에 자리한 이 떠들썩한 도시는 영국의 식민지였던 북아메리카의 도시 중에 책이 가장 많은 곳이었다. 인구 또한 가장 많았다. 벤이 태어난 1706년에 보스턴의 인구는 12,000명이었다. 보스턴은 1630년대에 도덕적 규율이 엄격한 신교도의 일파인 청교도에 의해 세워졌다.

청교도는 모든 사람이 성경읽기를 원했다. 매사추세츠 만에 세워진 식민지의 모든 마을에는 학교가 있었다. 그 결과, 당시 유럽의 대다수 주민들과는 달리 거의 모든 보스턴 주민들은 글을 읽을 줄 알았다.

하지만 공공 도서관은 하나도 없었다. 책을 읽고 싶은 사람은 자기 돈으로 책을 사거나 아니면 다른 사람에게 빌려 읽어야 했다. 돈이 많은 사람들은 종교, 과학, 역사에 관한 책들로 사설 도서관을 세우기도 했다. 벤의 아버지도 집 안에 작은 서재를 갖고 있었다.

그러나 아이들을 위해 만들어진 책은 하나도 없었다. 프랭클린이 처음으로 책을 읽은 것은 다섯 살 때였는데, 그것은 『성경』이었다. 그가 두 번째로 좋아한 책은 존 버니언이 쓴 『천로역정』이었다. 프랭클린은 그 이야기를 좋아했는데, 무엇보다도 흥미진진했기 때문이다.

한때 아버지 조시아는 벤을 데리고 보스턴을 돌아다니면서 가구장이, 벽돌공, 목수, 조선공 등등 온갖 종류의 장인들을 만나 보게 했다. 벤은 사람들이 손으로 일하는 모습을 즐겁게 구경했다. 하지만 그 일 가운데 어느 것 하나도 자기한테 적합하다고 생각되지는 않았다. 책을 읽는 것이 훨씬 더 나았다.

그때 벤은 이미 아버지가 모아 놓은 그리 많지 않은 책들을 다 읽은 뒤였다. 이제는 스스로 책을 사야 했다. "내 손 안에 돈이 조금이라도 들어오면, 나는 그 돈을 책을 사는 데 모두 썼다." 후에 프랭클린이 한 말이다.

벤은 역사책을 읽고, 종교와 유명한 전투, 위대한 인물에 관한 책들을 읽었다. 하지만 책은 늘 부족했다. '배워야 할 것이 이렇게 많으니 도대체 어떻게 해야 할까?' 벤은 늘 그런 생각을 했다.

벤이 십대가 되었을 무렵, 책을 살 돈을 모을 수 있는 좋은 방법을 알아냈다. 바로 채식주의자가 되는 것이었다. 소고기와 돼지고기는 감자와 빵보다 비쌌다. 그래서 그는 고기를 그만 먹고 채식을 하면서 남은 돈을 책을 사기 위해 저축했다.

그런데 결국 조시아가 프랭클린에게 맞는 일을 찾아냈다. 그건 바로 인쇄공이었다. 당시의 인쇄공은 활자를 심고, 인쇄를 할 뿐만 아니라, 글을 쓰고, 편집도 할 줄 알아야 했다. 글을 사랑하는 소년에게는 정말 딱 맞는 직업이었다. 다행히 벤에게는 보스턴에서 인쇄소를 경영하는 배다른 형 제임스가 있었다. 형을 도와 일하던 프랭클린은 많은 경험을 하면서 일을 배웠다. 바쁜 가운데서도 그는 손에서 책을 놓지 않았다.

프랭클린의 전기를 쓴 칼 밴 도렌은 이렇게 말했다.

"프랭클린은 개인생활을 할 때도 책을 보았고, 사업을 할 때도 책을 보았으며, 친구를 사귈 때도 책을 보았다."

벤은 책을 그저 읽었다기보다는, 게걸스럽게 먹어 치우듯이 책을 읽었다. 책 한 권을 다 읽고 내려놓기가 무섭게 다음 책을 읽기 시작하였다.

많은 시간이 지난 후 프랭클린은 도서관의 필요성을 느꼈다. 그는 '필라델피아 도서관 조합'의 규약을 작성했다. 회원들은 맨 처음에 40실링을 내야 했다. 그런 다음 해마다 새 책을 사기 위해 10실링을 내야 했다. 프랭클린은 도서관을 위한 표어도 작성했다. "공익을 위해 사익을 쓰는 것은 성스러운 일이다."

처음에는 회원들만 책을 빌려 갈 수 있었다. 그러나 '교양 있는 신사'라면 누구나 다 도서관에 앉아 책을 읽을 수 있었다. 이용자는 한 번에 한 권의 책만 빌려갈 수 있었다. 책을 반드시 반납하게 하기 위해 책값만큼의 보증금을 맡기도록 했다.

1741년 도서관의 회원은 거의 70명에 달했다. 13개 식민지에서 이 도서관을 모델로 도서관들이 하나둘씩 세워졌다. 혁명전쟁이 일어났을 무렵에는 식민지 전체를 통틀어 70개의 회원제 도서관이 있었다.

벤 프랭클린은 매우 기분이 좋았다. 그는 "책 읽기가 유행이 되었다. 공부 이외에 주의를 돌릴 만한 공공 오락이 없는 시민은 점점 더 책과 친해졌다. 그래서 몇 년 만에 다른 나라 같은 계층의 사람보다 더 많이 교육을 받은 지성인으로 인정받았다."라고 말했다.

어떤 일보다 그는 도서관을 세운 것을 가장 자랑스럽게 생각했다. 그는 많이 교육받고 독서 능력이 뛰어난 시민의 중요성을 알고 있었다. 독서는 사람들로 하여금 스스로를 위해 생각하도록 힘을 불어넣었다. 프랭클린은 이렇게 말했다.

"도서관은 아메리카 사람들의 대화를 수준 높게 만들었고, 상인과 농부들을 다른 나라의 가장 고상한 신사들과 비슷한 지성인으로 만들었다."

필라델피아 도서관 조합은 아직까지 있다. 2014년에 그것은 283살이 되었다. 도서관에는 여러 중요한 책들과 1900년까지의 미국 역사와 문화에 관한 연구 자료가 소장되어 있다.

프랭클린은 민주주의에 있어서 도서관이 얼마나 중요한지 알고 있었다. 독서는 시민들에게 자신의 의견을 갖는 데 필요한 교육과 지식을 제공한다. 독립 선언서의 서명자 아홉 명이 모두 도서관 조합의 회원이라는 것은 놀라운 일이 아니다.

책이 없었다면 프랭클린은 결코 그런 성공을 거둘 수 없었을 것이다. 지식에 대한 욕구 때문에 프랭클린은 식민지에서 가장 뛰어난 작가이자 인쇄업자가 되었고, 세계의 지도적인 과학자가 되었다. 프랭클린은 다른 야심 많은 젊은이들 또한 책을 많이 읽고 많이 배워야 한다고 생각했다.

03

콘돌리자 라이스

독서를 통한 전문 지식

한 흑인 소녀가 백악관을 바라보며 아빠에게 이렇게 말했다.

"아빠, 제가 저 안에 못 들어가고 밖에서 구경해야 하는 건 피부색 때문이에요. 두고 보세요, 저는 반드시 저 안으로 들어갈 거예요."

25년 후 그 소녀는 최연소, 첫 여성, 첫 흑인이라는 수식어를 가진 미국 국무장관이 되었다. 바로 콘돌리자 라이스(Condoleezza Rice)다. 오프라 윈프리와 더불어 성공한 흑인 여성으로 유명한 콘돌리자 라이스는 외교계에서도 인정받는 탁월한 인재로 알려져 있다. 지난 2002

년 미국 시사주간지 「뉴스위크」는 그녀를 "세계에서 가장 영향력 있는 여성"이라고 평가한 바 있다.

콘돌리자 라이스는 미국의 제66대 국무장관으로 1954년 인종차별이 심한 앨라배마 주 버밍햄에서 목사의 딸로 태어났다. 콘디(애칭)는 남부의 인종차별, 인종격리라는 불평등 정책의 그늘 속에서 성장했다. 1963년 그녀는 극우단체 KKK단의 폭발사고로 유치원 급우를 잃는 등 흑인 민권운동의 소용돌이 속에 어려움을 겪었다. 어린 시절 인종차별로 인한 경험들은 그녀의 의지력을 강하게 키웠다. 교육자였던 콘디의 부모는 콘디를 인종차별적 환경에 노출시키지 않기 위해 세심하게 배려했다.

콘디는 총명한 아이였다. 그녀는 목사인 아버지를 닮아 강인한 성격과 신앙심으로 어린 시절부터 독서를 많이 했다. 5살이 되던 해부터 글을 읽으며 한시도 책을 놓지 않았다고 한다. 당시 데이비스 초등학교의 교사였던 줄리 에마는 그녀가 아주 빠른 속독을 하였다고 전했다. 이미 초등학교 나이에 책을 어떻게 읽어야 하는지 알고 있었던 것이다.

콘디는 부모의 기대에 어긋나지 않았고, 항상 남들보다 두 배 이상 노력을 기울였다. 그녀는 발레, 피겨스케이팅, 프랑스어, 스페인어 등 다른 또래들보다 많은 교육을 받으며 성장하였다. 콘디의 음악성과 문화적 소양은 훗날에 그녀의 정서와 지능 발달에 밑거름이 되었다.

콘디의 어머니 메리언은 콘디가 어려서부터 많은 책을 접할 수 있는 환경을 만들어 주었다. 글을 깨치기 전부터 피아노 악보를 읽어서인지 콘디는 책 읽기도 수월하게 시작하였다. 초등학교에 입학한 후에 콘디는 각 학년의 필독서로 선정된 도서목록에 따라 문학 작품을 섭렵하기도 했다. 독서 습관을 중요하게 생각한 어머니의 영향으로 콘디는 책벌레라는 별명을 얻을 만큼 책 읽기를 즐겼다. 메리언은 "자극이 없으면 발전도 없다."며 콘디에게 또래들보다 몇 살 더 많은 아이들이 읽는 책을 구해 와서 읽혔다. 그녀의 부모는 독서 클럽이라면 어디든 가입시키는 열정을 지녔다.

　그녀는 어린 나이였지만 문학작품을 읽을 때는 선입견 없이 마음이 느끼는 대로 읽고 감상하는 이해력이 중요하다는 것을 알고 있었다. 그녀는 늘 독서에 매진하여 방대한 지식을 습득한 탁월한 학생이었다. 또한, 그녀는 읽은 도서는 연도 별로 목록을 작성했고, 관련서적을 탐독했다.

　아버지가 콜로라도 주 덴버로 전근하면서 고교생 콘돌리자 라이스는 바로 덴버대의 대학 과정을 밟기 시작하였다. 당초 음악을 전공했으나 매들린 올브라이트 전 미국국무장관의 아버지인 조세프 코벨 교수의 스탈린 강의를 들은 뒤 옛 소련 및 동유럽 정치학으로 전환해 19세 때 학사, 26세 때 소련 및 동유럽 전공으로 박사 학위를 취득했다. 국무부에서 인턴 근무를 마친 후 1981년 26세에 스탠퍼드대 교수가 된 라이스는 곧 소련 분야에서 학자로서의 명성을 얻었다. 2001년에는 부시 대통령이 취임하면서 흑인 여성으로서는 최초로 국가 안보

보좌관을 맡았다.

그녀는 38세 스탠퍼드대 최연소 부총장, 46세 첫 여성 백악관 안보 담당 보좌관, 50세 국무장관이라는 화려한 경력을 가지고 있다.

그녀는 구소련의 역사와 정치에 대한 방대한 지식을 독서로 얻었다고 했다. 그녀는 정치에 대한 단편적인 지식만을 얻는 것은 큰 의미가 없다고 판단하고 광의의 독서에 접근했다. 그녀의 성공 뒤에는 어린 시절부터 독서에 몰입한 학습 습관이 있었다. 그녀는 관련 분야의 도서목록을 상세하게 작성하고 속독을 통해 방대한 지식을 쌓았다. 이러한 독서력을 바탕으로 그녀는 뛰어난 전문가가 되었고 영향력 있는 지도자가 될 수 있었다.

04
나폴레옹

전쟁터에서도
책을 읽은 독서가

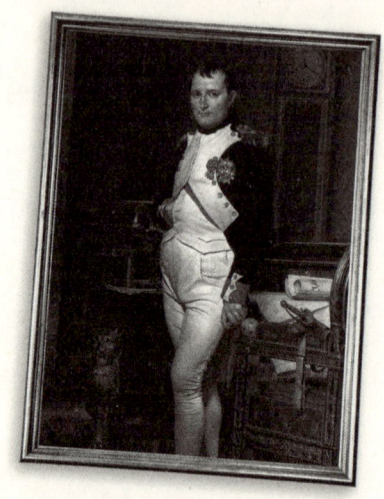

사람들은 "내 사전에는 불가능은 없다."는 말로 나폴레옹을 기억한다.

그가 독재자였건 정복자였건 간에 몇 백 년이 지난 오늘날까지 영향력을 미치고 있음은 부인할 수 없는 사실이다. 나폴레옹은 1769년 코르시카에서 태어나 9살 때 프랑스 왕립 군사학교에 입학했다. 나폴레옹은 학교에서 '촌뜨기'로 불리며 따돌림을 당했다. 학급에선 제일 꼬마였고 어른이 된 후에도 키가 평균 이하였으며, 더구나 너무 말라서 "고양이가 장화를 신은 것 같다."고 놀림을 받았다. 친구들에게 시달림을 받자 나폴레옹은 헛간 같은 데에 혼자 파묻혀 책만 읽게 되었다.

어린 시절 그에게 가장 큰 영향을 미친 책은 『플루타르크 영웅전』 이었다. 『플루타르크 영웅전』은 46명의 그리스와 로마의 영웅들의 생애를 이야기하면서 그리스인과 로마인을 비교하고 있다. 플루타르크는 전기문학의 목적을 사실 나열이 아니라 후세를 위한 선의 권유, 그들이 남긴 선한 업적을 후세에 알림으로써 우리의 인류사를 미화하려는 것이었다. 저자의 근본이념은 부패를 모르는 덕과 이것을 행동으로 발전시키는 용기를 기리는 데 있었다. 이 책은 역사를 자기 수양을 위한 거울로 삼고 있다. 나폴레옹은 이 책에서 알렉산더 대왕, 시이저, 그리고 한니발 같은 영웅을 만났다.

1785년 9월 나폴레옹은 58명 가운데 42등으로 파리의 육군 사관학교를 졸업했고 젊은 포병장교를 위한 훈련기관인 라 페르(La Fere)연대에 포병소위로 임관했다. 연대가 주둔한 발랑스에서 계속 교육을 받으며 특히 전략과 전술에 관한 책을 많이 읽었다.

그의 독서범위는 아주 넓었다. 포격의 원리와 역사, 사거리 관측법, 스파르타의 전술 등을 비롯해서 페르시아의 역사, 이집트의 역사, 인도의 지리, 영국사, 마키아벨리의 『군주론』, 천문학, 기상학, 인구론에 이르기까지 다양했다.

나폴레옹은 '서랍 같은 두뇌의 소유자'라는 말을 들을 정도로 많은 독서를 했다. 정독을 원칙으로 한 그는 약 3,000권 이상 책을 읽은 후 그 내용을 요약해서 기록하거나 감상문을 적어 두기도 했다. 이른바 독서 노트를 만들었다. 이렇듯 나폴레옹은 유년 시절부터 생애 마지막 순간까지 탐욕스러운 독서가였다.

　나폴레옹은 전쟁터에서도 책을 읽었다. 유럽을 정복한 나폴레옹의 전략 전술은 전쟁터에까지 책을 수레로 싸들고 가서 읽는 독서 습관 때문이다. 그는 마차가 이끄는 이동 도서실을 전쟁터까지 끌고 다녔다.

　황제가 되기 전 이집트 원정을 나간 적이 있었는데, 4주일의 기간인데도 1,000여권의 책을 싣고 떠났다. 나폴레옹은 전쟁 중 막사에서도 틈만 나면 책을 읽고 심지어 말을 타고 이동할 때도 책을 읽었다. 특이한 것은 말 위에서 책을 읽은 다음에는 그 책을 말 뒤로 던져버리는 이상한 버릇이 있었다고 한다.

　나폴레옹은 평생 전쟁 속에서 살았고 평생을 독서 속에서 살았다. 어린 시절의 독서는 그에게 안식처와 같았다. 군인으로서 읽은 책을 통해 그는 뛰어난 분석력과 집중력을 갖게 되었다. 그가 나중에 대군을 지휘하는 통솔력과 지략도 책을 통해서 배웠다. 한마디로 나폴레옹의 힘은 수많은 책들 속에서 나왔다.

05

오프라 윈프리

독서를 통한 끊임없는 지적 탐구

오프라 윈프리는 흑인으로 태어나 가난하고 불행한 어린 시절을 보냈다. 9살 때 사촌오빠에게 성폭행을 당했고, 그 후에도 여러 사람에게서 성적 학대를 받았다. 열네 살에 미숙아를 사산했고, 20대 초에는 마약에 빠지기도 했다.

그가 어떻게 이러한 수렁에서 벗어나 '가장 강력한 브랜드를 가진 여자'로 거듭날 수 있었을까? 그것은 오프라의 고백처럼 책과의 만남이 가져다준 기적 같은 선물이었다. 한마디로 '끊임없는 독서를 통한 지적 탐구'가 인생 역전을 가져온 것이다.

그녀는 어린 시절 아버지가 정한 규칙에 의해 일주일에 책 한 권씩을 읽었다. 어려움도 많았던 고통스러운 어린 시절이었지만, 그래도 독서 습관은 그녀의 재산이 되었다. 오프라는 자신의 험난한 삶을 통과하면서 얻은 지혜를 열 가지 계명으로 정리했다. 소위 '오프라 윈프리의 10계명'이 그것이다.

1. 일부러 남들의 호감을 얻으려 애쓰지 말라.

2. 앞으로 나아가기 위해 외적인 것에 의존하지 말라.

3. 일과 삶이 최대한 조화를 이루도록 노력하라.

4. 주변에 험담하는 사람들을 멀리하라.

5. 다른 사람들에게 친절하라.

6. 중독을 끊어라.

7. 당신에 버금가는, 혹은 당신보다 나은 사람들로 주위를 채워라.

8. 돈 때문에 하는 일이 아니라면 돈 생각은 아예 잊어라.

9. 당신의 권한을 다른 사람에게 넘겨주지 말라.

10. 포기하지 말라.

그녀는 한 대학의 졸업식에서 이렇게 축사를 했다.

"인생은 여행과 같다. 매일 매일의 경험이 여러분에게 진짜 자신이 누구인지를 가르쳐 줄 것이다. 상처를 지혜로 바꾸라. 실수는 모든 사람이 한다. 다만 그 실수란 당신이 잘못된 길을 가고 있다는 것을 알려주는 하나님의 배려이다.

매사에 감사해라. 고마운 일들에 대한 매일의 일지를 만들라. 그
것이 인생에서 어디에 초점을 많이 두어야 할지를 알려 줄 것이다.
인생에서 할 수 있는 가장 높고 넓은 꿈을 꾸어라. 인생은 여러분이
믿는 대로 이루어지기 때문이다."

윈프리는 자신이 처한 처참한 상황 속에서도 지속적으로 독서를 함
으로써 자신의 삶을 전환시킬 수 있었다. 윈프리는 처음에 강아지에
게 성경을 읽어주는 것부터 시작하였다. 친구가 없으니 그나마 강아
지가 친구였던 셈이었다.

윈프리가 책을 통해서 얻은 큰 유익은, 책 속에서 위로를 얻고, 책을
통해서 사람을 이해하는 마음을 품게 되었다는 점이다. 윈프리는 자
신과 같은 불행한 환경에 놓여 있는 사람들을 책을 통해 만나면서 사
람의 감정을 이해하는 능력을 지니게 되었다.

오프라 윈프리 쇼의 에너지도 바로 독서의 힘에서 나왔다. 그녀는
'오프라의 북클럽'을 진행하면서 책을 소개해왔고. 이를 통해 그동안
수많은 베스트셀러가 탄생했다. "책이 오늘의 나를 만들었습니다. 책
을 읽으면서 받았던 위안과 은혜를 사람들에게 되돌려 주고 싶습니
다."라는 그녀의 말에 수백만의 사람들이 책에 관심을 갖게 되었고, 팬
들은 그녀가 골라준 책에 몰려들었다.

윈프리는 책 읽기가 희망이라고 말했다.

"책은 인생에 가능성이 있다는 것을 보여주었어요. 책은 세상에 저와 똑같은 사람들이 많이 있음을 알게 해 주었고, 책은 저로 하여금 선망하는 사람들을 올려다 볼 수만 있는 게 아니라 그 자리에 오를 수도 있다는 사실을 보여주었지요. 책 읽기가 희망을 주었습니다. 저에겐 그것이 열린 문이었습니다."

윈프리가 시카고에 새로 지은 해럴드 워싱턴 도서관에 10만 달러를 기부하면서 한 말은 특히 인상적이다.

"책은 저만의 자유에 이르는 길이었습니다. 책을 통해서 저는 미시시피 농장 너머에는 정복해야 할 큰 세상이 있다는 것을 알게 되었습니다."

책의 전도사 오프라 윈프리, 그녀의 삶은 책의 힘을 웅변적으로 증언한다.

06

빌 게이츠

마을 도서관에서 배운 독서 습관

컴퓨터 천재 빌 게이츠는 미국 시애틀에서 1955년 10월 28일 태어났다. 그는 유복한 환경 속에서 성장하였으며 저녁 식사 테이블에 둘러앉은 게이츠 가족은 서로의 활동과 경험을 이야기하며 즐겁게 식사를 하곤 했다.

빌 게이츠는 매우 평범한 어린 시절을 보낸 것 같지만, 사실 좀 특별한 점이 있는 소년이었다. 그는 과학을 좋아했고, 특히 수학에는 출중한 재능을 보였다. 진학적성검사(SAT) 수학 부문에서 800점 만점을 받을 정도였다. 빌 게이츠의 어린 시절을 지켜보았던 대부분의 사람들은 그가 장래에 무엇을 하든지 크게 성공하리라는 점을 의심하지 않았다.

빌 게이츠는 13세에 컴퓨터 프로그래밍을 독학으로 터득했다. 그는 하버드 대학을 중퇴하고 19세에 두 살 위인 폴 앨런과 1500달러를 자본으로 마이크로소프트(MS)사를 설립했다. 아직 컴퓨터가 상용화되지 않았던 시절, 빌 게이츠는 '모든 책상 위에 컴퓨터를, 모든 가정에 컴퓨터를'이라는 원대한 꿈을 꾸었다.

1986년 MS사가 상장되면서 빌 게이츠는 서른한 살의 나이에 역사상 가장 어린 억만장자가 되었으며 「포브스」 선정 세계의 갑부 1위에 올라갔다. 「파이낸셜 타임스」가 선정한 2004년 존경받는 세계의 비즈니스 리더 1위에도 올랐으며 총 200억 달러를 기부한 세계 최고의 자선가이기도 하다.

빌 게이츠는 "오늘의 나를 있게 한 것은 학교가 아니라 마을 도서관이었다."라고 말한 적이 있다. 어릴 적 빌 게이츠는 독서를 좋아했고 생각하는 것을 좋아했다. 가족이 외출을 할 때에도 사색을 하느라 늦장을 부리기도 하고, 도서관을 가면 많은 책을 빌리는 것은 기본이며, 밥을 먹을 때에도 책에서 눈을 떼지 않을 정도로 독서광이었다. 그리고 빌 게이츠의 부모는 빌 게이츠가 TV를 보지 않도록 지도했다고 한다. 그래서 빌 게이츠는 TV 대신 책을 많이 읽었고 이로 인해 빌 게이츠는 생각하는 습관을 갖게 된 것이다.

그러므로 빌 게이츠의 독서 습관은 하버드 졸업장 보다 소중하다고 말할 수 있을 것이다. 독서는 지금도 제2의 빌 게이츠를 만들고 있다.

07

벤 카슨

**독서를 통해
최고의 외과의사가 된
꼴찌**

흑인 최초로 존 홉킨스 의대 외과의사가 되어 샴쌍둥이 분리 수술에 성공한 인물, 바로 그가 벤 카슨(본명. 벤저민 카슨)이다. 그의 자서전이라 할 수 있는 『싱크빅』에 따르면 그는 태어나서 불우한 성장기를 보냈다. 어려운 가정환경으로 제대로 공부하지 못했고, 학교에 가서 우두커니 앉아 있다가 집으로 돌아와서는 시간 가는 줄 모르고 놀고 TV만 봤다.

그러나 아들 때문에 고민하던 어머니는 아들을 지역 도서관으로 데리고 가서 사서와 의논하고 그림책부터 권하였다. 벤의 어머니는 아무리 힘들고 시간에 쫓기어도 매주 아들과 함께 도서관으로 가서 책을 빌리고 어떻게든 그 책만큼은 다 읽도록 만들었다. 또 독후감을 써서 그 속의 어휘를 반드시 외우고 철자를 엄마에게도 가르치게 하여 아들과 같이 공부를 하기로 하였다. 어머니는 주로 청소부, 가정부 또는 농장에서 옥수수를 수확하는 일을 하면서 아들만은 반드시 더 나은 삶을 살도록 돕겠다는 결심을 했다.

벤 카슨의 어머니 소냐는 백인 부유층의 가정부로, 힘들게 자녀를 키우면서도 지혜로움이 바른 인격을 만든다는 것을 잊지 않았다. 소냐 자신도 검정고시로 고등학교를 졸업하겠다고 아들과 약속하고 대신 아들도 일주일에 도서관 책을 몇 권 이상 읽기로 서로 약속했다. 벤은 책을 통해 경이로운 지식의 세계로 들어갔다.

벤은 점점 공부에 흥미를 가지게 되고 스스로의 성취감과 자신감에 더욱 정진하게 되었다. 고등학교를 우등으로 졸업한 후에 그는 예일대학교에 진학하여 심리학을 전공했다.

그는 말하기를 "나는 동네에서 최고라고 칭찬 받아서 사실 내가 공부를 아주 잘 하는 줄 알았는데, 예일 대학에서 보니 내가 얼마나 공부를 못하는지, 나보다 얼마나 잘하는 학생들이 많은지 깨닫고 더욱 열심히 하게 되었다."라고 고백했다. 그 후 미시간 대학교의 의과대학을 졸업했고 존스홉킨스병원에서 인턴과 레지던트를 마친 후 세계 최고의 뇌수술 전문의가 되었다.

카슨 박사의 업적은 수없이 많지만 그중 가장 유명한 것은 샴쌍둥이의 수술이다. 그는 머리가 붙은 채로 태어난 쌍둥이 어린이의 머리를 성공적으로 분리한 세계 최초의 의사가 되었다. 그 이전까지는 수술 중에 한 명, 혹은 둘 다 사망했는데 그는 둘 다 살리면서 22시간의 수술을 성공시켰던 것이다. 그는 또한 태중의 아이를 어머니의 자궁 안에서 뇌수술 하는 방법도 창안해 성공을 시키기도 했다.

그는 전국 각처를 다니면서 젊은이들에게 포부와 성취욕을 함양하는 연설을 무수히 했다. 이런 공을 인정받아 그는 2006년에 미국 대통령이 수여하는 전국 최고의 영예상인 '자유의 금자탑'(Medal of Freedom)상을 받기도 했다. 뿐만 아니라 그는 형편이 어려운 학생들에게 500만 달러 이상의 장학금을 지급하기도 했다.

꼴등에서 세계 최고의 의사가 된 그가 늘 강조하는 말이 있다. 그것은 "당신의 잠재력을 속박하지 말라."는 것이다. 그는 항상 긍정적으로, 크게 생각하고 행하라고 말한다. 그래서 크게 생각하고 실천하라는 것이다.

08

정약용

만백성을
이롭게 하는 독서

다산 정약용은 조선시대 실학을 집대성한 대학자였다. 그는 현실 개혁이라는 분명한 목표를 가지고 책을 읽고 많은 책을 썼다. 청년기에 접했던 서학(西學)으로 인해 장기간 유배생활을 하였다. 그는 이 유배기간 동안 자신의 학문을 더욱 연마해 모두 500여 권에 이르는 방대한 저술을 남겼고, 이 저술을 통해서 조선 후기 실학사상을 집대성하였다.

정약용은 실생활에 도움이 되는 독서를 강조했다.

"독서란 큰 학자의 길을 좋게 하고 백성을 교화시키고 임금의 통치를 도울 수 있게 할 뿐만 아니라 짐승과 구별되는 인간다움을 만든다. 또한 소매가 길어야 춤을 잘 추고 돈이 많아야 장사를 잘하듯 머릿속에 책이 5000권 이상 들어 있어야 세상을 제대로 뚫어보고 지혜롭게 판단할 수 있다."

그는 독서의 중요성을 유배지에서도 자녀들에게 편지를 통해서까지 일깨워주었다.

"모름지기 실용의 학문, 즉 실학(實學)에 마음을 두고 옛사람들이 나라를 다스리고 구했던 글들을 즐겨 읽도록 해야 한다. 마음에 항상 만백성에게 혜택을 주어야겠다는 생각과 만물을 자라게 해야겠다는 뜻을 가지고 있은 뒤라야만 바야흐로 참다운 독서를 한 군자라고 할 수 있다."

그의 책 읽기는 지식 자체만 추구하는 독서가 아니라 백성을 생각하는 실천적 행동력을 지닌 독서였다. 또한 만백성에게 혜택을 주어야겠다는 생각으로 하는 독서가 참다운 독서라고 가르쳤고, 독서에 임하는 자세에 대해서는 굳은 정신력과 철저한 이해를 강조하였다.

그는 한 권의 책을 볼 때 한 글자라도 그 뜻을 분명히 알지 못하는 곳이 있으면 널리 고찰하고 자세하게 연구하여 그 글자의 어원(語源)을 알아내었다.

"내가 몇 년 전부터 독서에 대해서 잘못 깨달았는데, 헛되이 그냥 읽기만 하는 것은 하루에 천 번 백 번을 읽더라도 오히려 읽지 않은 것과 같다. 무릇 독서하는 도중에 한 자라도 모르는 것이 나오면 모름지기 널리 고찰하고 세밀하게 연구하여 그 근본 뿌리를 깨달아 글 전체를 이해할 수 있어야 한다. 날마다 이런 식으로 읽는다면 한 가지 책을 읽더라도 겸하여 수백 가지 책을 엿보는 것이다. 이렇게 읽어야 책의 의리(義理)를 훤히 꿰뚫어 알 수 있으니, 이 점을 꼭 알아야 한다."

그는 18년의 유배 기간 동안 한결같은 독서열, 변함없는 저술 작업, 초인간적인 노력으로 독서와 연구에 몰두했기 때문에 조선 역사상 유례를 찾을 수 없는 방대한 업적을 이룰 수 있었다. 정약용은 독서를 세상에서 가장 좋은 것으로 보았다.

"오직 독서 이 한 가지가 큰 학자의 길을 좇게 하고, 백성을 교화시키고, 임금의 통치를 도울 수 있게 할 뿐만 아니라, 짐승과 구별되는 인간다움을 만든다."

정약용의 독서법은 5가지로 요약될 수 있다.

1) 널리, 넓게 배운다는 박학(博學),

2) 자세히 묻는 심문(審問),

3) 신중히 생각하는 신사(愼思),

4) 명백하게 분변하는 명변(明辯),

5) 끝으로 성실하게 실천하는 독행(篤行)이다.

그는 사람들이 박학에만 집착할 뿐, 다른 것은 생각하지 않는다고 염려했다. 오직 자신이 널리 듣고 많이 기억하는 것으로 글을 잘 짓고 말을 잘하는 것만 자랑한다는 것이다.

정약용은 시험 위주의 공부에 대해서도 목소리를 높였다. 총명하고 재능이 있는 이들을 일률적으로 과거라는 격식에 집어넣는 교육제도는 개성을 짓밟아 서글프다고 했다.

다산이 유배지에서 자녀와 형제에게 보낸 서신을 엮은 책 『유배지에서 보낸 편지』에는 그의 독서법의 일면이 나타나 있다. 그는 아들에게 이렇게 썼다. "나는 소싯적에 새해를 맞을 때마다 일 년 동안 공부할 과정을 미리 계획해 보았다. 예를 들면 무슨 책을 읽고 어떤 글을 뽑아 적어야겠다는 식으로 작정을 해놓고 꼭 그렇게 실천하곤 했다." 말하자면 그는 독서 계획을 세우고 그대로 실천하였다. 또한 중요한 글은 발췌하여 따로 기록해두라고 가르치기도 했다.

다른 글에서 다산은 독서의 중요성을 다음과 같이 설명하였다.

"무릇 남자가 독서하고 행실을 닦으며 집안일을 다스릴 때에는 한결같이 거기에 전념해야 하는데, 정신력이 없으면 아무 일도 되지 않는다. 정신력이 있어야만 근면하고 민첩함이 생기고 지혜도 생겨서 업적을 세울 수가 있다. 참으로 마음을 견고하게 잘 세워 똑바로 앞을 향해 나아간다면 비록 태산이라도 옮길 수 있다."

그는 천지에서 제일 맑은 소리가 눈 덮인 산 깊은 곳의 글 읽는 소리라고 말하기도 했다.

세상에 영향을 끼친 사람들은 고난의 터널을 통과했다는 것 말고 또 하나의 공통점이 있다. 바로 책을 가까이했다는 점이다. 그들은 책 속에 파묻혀 다른 세상을 발견해냈다. 생존조차 힘겨웠던 시대도 있었으나 그들은 책을 읽고 희망을 버리지 않았다.

09

안철수

삶의 길라잡이가 된 독서

안철수는 소설책을 통해 인간의 다양한 성격들을 경험할 수 있었다. 나름대로 열심히 책을 읽는 가운데 그는 책을 읽는 데에 도가 트이게 되었다. 그렇다고 해서 속독이나 띄엄띄엄 읽는 것이 아니었다. 그는 책을 지나치게 정독하는 편이었다.

책을 한 번 들었다하면 표지부터 천천히 살피고 나서 목차는 다 외울 정도로 정독한 다음, 본문은 한 쪽 넘길 때마다 쪽 수도 모두 읽은 후에 다음 글을 읽을 정도였다. 그리고 본문을 읽으면서 출판사 이름과 주소, 발행인, 날짜, 그리고 정가까지 모두 확인해서 읽었다.

그가 글을 깨친 것은 초등학교 1학년 때였다. 그 이후로 글자라고 생긴 것은 모두 닥치는 대로 읽기 시작하였다. 안철수가 책을 좋아하는 것을 아신 부모님은 방학 때마다 전집류를 사주셨다. 그러면 그는 방에 틀어박혀 방학 내내 그 책들만 읽고 지냈다. 그것도 밤을 새워가며 읽었다. 등하굣길에도 걸으면서 책을 읽었다. 그러나 책을 보다가 전봇대에 부딪힌 일은 없었다고 한다.

초등학교 6학년이 될 때에는 학교 도서관에 있는 책은 거의 다 읽었다. 한국 소설 중에서는 단편보다 장편을 더 좋아했다. 번역 소설을 별로 좋아하지는 않았으나 도스토에프스키, 톨스토이 등의 고전들은 두루 섭렵했다.

소설가 중에서도 그는 황순원 선생의 열렬한 독자였다. 그 분의 소설에 등장하는 주인공들의 성격에 공감이 가는 면이 많았다. 그래서 장, 단편을 가리지 않고 그 분의 소설은 거의 다 읽어보았다. 또한 그는 역사 소설을 좋아했다. 김동인 선생의 소설 중에 반전이 돋보이는 『젊은 그들』이 기억에 남아 있으며, 박종화 선생의 『금삼의 피』를 읽으면서 연산군의 인간적인 고뇌를 마치 직접 보는 것처럼 느낄 수 있었다고 한다. 역사 소설을 읽으면 역사에 대한 이해도 쉬워지거니와 이 시대의 사람들과 그 시절의 사람들이 크게 다르지 않음을 알 수 있었다. 그리고 사람의 본성 자체는 변하지 않아 똑같은 상황을 만나면 같은 생각을 하고 같은 반응을 하는 듯이 느껴졌다.

당시에 인기 있던 삼중당 문고는 가격이 싸면서 질과 양에서 만족스러웠기 때문에 한 권씩 사다 모으며 400여 권을 거의 다 읽었다. 문고

판 책은 들고 다니며 보기 좋게 작은 크기로 되어 있었다. 그는 심지어 수업 시간에도 몰래 책을 펼쳐 놓고 읽었다. 아침에 학교 갈 때 학교 앞 서점에 들러 한 권 사 가지고는 하루 종일 걸려서라도 그 책을 다 읽곤 했다. 재미없는 수업 시간에는 교과서 밑에 소설책을 놓고 읽는 재미로 시간가는 줄을 몰랐다. 덕분에 고등학교 다닐 때 국어는 잘하는 편이었다. 너덜너덜해질 때까지 열심히 읽고 또 읽었던 그 소설들은 지금도 그의 손 가까이에 놓여있다.

그가 바둑을 책으로 공부한 이야기는 유명하다. 바둑은 의과대학 본과 이 학년 때 취미 활동 개발 차원에서 배우게 됐다. 일단 바둑을 배워야겠다고 생각한 그는 먼저 기원으로 가지 않았다. 먼저 서점에 가서 바둑 책을 무작위로 샀다. 그래서 책의 수효가 오십 권을 헤아리게 될 무렵 바둑이 어렴풋하게 머릿속에 그려지기 시작하였다. 그런 다음 기원엘 나가기 시작하였다. 처음에는 책을 보고 공부한 것이 전혀 소용없어 보였다. 그러나 자꾸 두다 보니까 책을 읽어 두었던 것이 큰 거름이 된다는 걸 알 수 있었다고 한다.

안철수 교수는 자신의 독서 습관을 다음과 같이 소개한 적이 있다.

첫째, 책을 읽는 시간만큼 생각할 시간을 가진다.
둘째, 저자의 생각에 동화되지 않는다.
셋째, 책은 요약본으로 읽지 않는다.
넷째, 읽는 것에 그치지 않고 실천한다.

다섯째, 성급하게 결과를 얻으려 하지 않는다.

그는 『성공하는 기업의 8가지 습관』(짐 콜린스), 『파인만 씨 농담도 잘하시네』(리처드 필립 파이만), 『학문의 즐거움』(히로나카 헤이스케) 등의 책을 추천했다.

그는 매주 한두 권은 꼭 읽는다. 전에는 대형서점에 나가 책 구경도 하고 마음에 드는 책을 사오기도 했으나 이제는 여러 경로를 통해 신간 안내 정보를 받은 다음 동네 책방에 주문해서 본다.

그는 끊임없이 책을 읽어왔다. 그에게 책은 삶의 길라잡이였다.

10

신경숙

배 밭에서
연재소설을 읽는 소녀

소설가 신경숙은 1963년 전북 정읍에서 태어나 영등포여자고등학교, 서울예술전문대학 문예창작과를 나왔다. 1985년『문예중앙』신인문학상에 당선되어 작품 활동을 시작하였다. 소설집『겨울우화』(1991)『풍금이 있던 자리』(1993), 장편소설『깊은 슬픔』(1994)『외딴 방』(1995) 등이 있고, 제26회 한국일보문학상, 제1회 오늘의 젊은예술가상, 제40회 현대문학상, 제28회 동인문학상, 제11회 만해문학상을 받았다.

신경숙은 한 인터뷰에서 어린 시절 자신은 이야기를 좋아하던 소녀였다고 말했다.

"나는 사람들의 이야기를 좋아했어요. 성장한 곳이 시골이라 이야기가 많았는데, 끝내 잘 안되고 쓸쓸한 이야기들이 내 마음을 끌었어요. 그래서 '어떻게 되었을까?'를 생각해서 내가 이야기를 새로 지어보곤 했어요. 어렸을 때 학교가 집으로부터 십 리쯤 됐어요. 그러니까 하루에 이십 리쯤을 걸어 다니는데 심심하니까 동무들에게 이야기를 해 줬던 기억이 많이 나요. 라디오를 많이 들었는데, 라디오에서 들려주는 이야기의 뒤를 내가 지어서 들려주면서 십 리를 걸어오곤 했죠. 어쩌다 영화를 보게 되면 혼자 그 영화의 뒤를 다시 지어내 보고 그랬어요. 결국 그런 것들이 소설 곁으로 가게 한 점도 있지 않았을까… 혼자 생각해요."

그녀는 책을 읽고 명문을 필사했고, 이제는 베스트셀러 작가가 되었다. 책 속에 파묻혀 지낸 수많은 날들은 그녀의 인생의 뿌리에 자양분이 되어주었다. 그녀는 이제 이렇게 고백한다.

"나는 소설가가 되고 싶었고 이렇게 소설을 쓰면서 살아갈 수 있으니 내가 받은 축복 중 가장 큰 축복이라고 생각해요."

함께 읽는 독서명언

같은 책을 읽었다는 것은 사람들 사이를 이어주는 소중한 끈이다.
— 랠프 월도 에머슨(미국의 철학자)

독서는 인간 정신이 수행해야 할 가장 소중한 노력이며 어려서부터 기울여야 하는 노력이다.
— 존 스타인백(소설가)

독서를 통하여 미지의 것을 탐색하고 자아를 발견해 가는 과정은 삶의 가장 큰 줄기라고 해도 과언이 아니다. 삶을 하나의 나무로 비유한다면 책 읽기야 말로 절대조건의 밑거름이라는 말에 나는 유감없이 동조한다.
— 양귀자(소설가)

무슨 책을 읽든지 성경에 부합하는지를 판단하라. 성경의 가르침에 일치하는 책이 좋은 책이고, 성경의 가르침에 어긋나거나 거리가 먼 책은 나쁜 책이다.
— J. C. 라일(청교도)

새로운 책은 여전히 시험대에 올려져있고 아마추어는 그것을 판단할 위치에 있지 못하다. 유일한 안전장치가 있다면 그것은 분명하고 중심적인 기독교의 기준을 갖는 것이다. 왜냐하면 그것이야말로 그 시대의 모든 논쟁들을 바른 시각에서 볼 수 있게 해주기 때문이다. 그런데 그 기준은 고전 이외에서는 얻을 수가 없다. 독서의 좋은 지침이 있다면, 새 책을 읽은 후 중간에 고전을 읽을 때까지 또 다른 새 책을 읽지 말라는 것이다.
— C. S. 루이스(영문학자, 기독교 변증가)

어린 시절, 어머니는 성경 동화책을 매일 내가 잠들기 전에 읽어 주셨다. 또 어머니가 공립 도서관에 데리고 가서 첫 번째 대출 카드를 만들어준 것도 생생하게 기억하고 있다. 나는 독서하는 습관을 일찍 갖게 되었지만 오랜 세월이 흐른 뒤에야 책을 통해서 하나님께서 나에게 말씀하신다는 사실을 배우게 되었다. 하나님께서는 이 간접 경험 과정을 통해서 나의 생애에 많은 것을 주셨다.

– 로버트 클린턴(풀러신학교 교수)

좋은 책을 읽으면 목마를 때 시원한 물을 마시는 것과 같다.

– 조동일(국문학자)

지식정보화 사회 속에서 실패하지 않고 성공한 삶을 살아가려면 책과 친한 인간, 책을 능숙하게 읽을 수 있는 인간이 되어야 한다.

– 남미영(독서지도 전문가)

책은 꿈꾸는 것을 가르쳐주는 진짜 선생님이다.

– 가스통 바슐라르(철학자)

책을 읽는다는 건 참 좋은 일이다. 인생에 위안을 주고, 무엇인가를 알고 느끼게 하고, 경험하지 못하는 세계를 만나게 한다.

– 이금이(동화작가)

책을 읽으며 나는 자주 울었다. 책 속의 이야기는 너무도 감동적이고 내게 너무도 많은 교훈을 주었다. 동화책에서 날아온 신기한 새들처럼, 노래처럼 이야기를 들려주었다. 책은 삶의 온갖 모습과 풍요로움을 들려주고 선과 아름다움을 향한 인간의 질긴 투쟁을 이야기해 주었다. 읽으면 읽을수록 나는 친절한 영혼이 내 가슴을 채우는 것을 느낄 수 있었다. 나는 훨씬 침착해졌고 자신감이 생겨났다. 공부도 한결 잘되었고 삶이 나에게 퍼붓는 수많은 모욕들을 대수롭지 않게 여길 수 있게 되었다.

– 막심 고리키(소설가)